FRIEDEN
UND
GERECHTIGKEIT

FÜR PALÄSTINA

© 2025 NN
Überarbeitete Auflage

Alle Rechte vorbehalten durch NN
auch die des teilweisen Nachdruckes, der photomechanischen Wiedergabe,
der Herstellung von Mikrofilmen, sowie die Einspeicherung in elektronische
Systeme.
Die automatisierte Analyse des Werkes,
um daraus Informationen, insbesondere über Muster, Trends und Korrelatio-
nen gemäß §44b UrhG („Text und Data Mining") zu gewinnen, ist untersagt.

Verlag: BoD · Books on Demand GmbH,
Überseering 33, 22297 Hamburg, bod@bod.de

Umschlaggestaltung:
Photo:
bearbeitetes Bild, Original Donatas Dabravolskas, CC BY-SA 4.0,
via Wikimedia Commons
https://commons.wikimedia.org/wiki/File:Jesus_in_Clouds_by_Sunset_2.jpg
https://upload.wikimedia.org/wikipedia/commons/f/f8/
Jesus_in_Clouds_by_Sunset_2.jpg
Dem Photographen des Bildes ist der Inhalt dieses Buches nicht bekannt.

Druck: Libri Plureos GmbH, Friedensallee 273, 22763 Hamburg

ISBN: 978-3-8192-9564-5

FÜR PALÄSTINA UND DEN WELTFRIEDEN

Inhalt:

Es war kein Theologiestudium, das mich zwang, mich mit den Texten der Bibel genauestens zu befassen, sondern die vollkommen grundlose, aus heiterem Himmel über mich hereingebrochene, jahrelange Beobachtung, Benutzung, Bedrohung und Verfolgung meiner Person durch zionistische Geheimdienste, um mich vor deren Verbrechen rein halten zu können und nichts mit Jenen zu tun zu haben.

Da es mir fernliegt, mich über den HERRN der Juden und die Worte des Textes des Alten Testamentes zu erheben, auf welche sich der Staat Israel seit seiner Gründung und bei seiner völkerrechtswidrigen Besatzung, sowie der Annexion Palästinas selbst beruft, vertritt der Inhalt dieses Buches keine persönliche Meinung, sondern die Aussagen, die den Texten der Bibel zu entnehmen sind. Und der HERR der Juden möchte laut Aussage der Texte des Alten Testamentes etwas anderes als der Staat Israel.

Schon zu Beginn des großen israelischen Krieges gegen Gaza und die Palästinenser nach dem 07.10.2023 wurden Stimmen wie folgende vernommen:

"Politisches und moralisches Versagen"

Der Hohe Vertreter der Europäischen Union, Josep Borrell hat am 13. November 2023 auf einer Pressekonferenz in Brüssel unter anderem ausgesagt:
„Diese dramatische Krise mit ihren enormen Kosten an Menschenleben, sowohl auf israelischer, als auch auf palästinensischer Seite, zeigt das politische und moralische Versagen der internationalen Gemeinschaft, eine Lösung für diesen Konflikt zu finden."

Bevor der EU- Außenbeauftragte Josep Borrell aus seinem Amt schied, sagte er zum Haftbefehl Benjamin Netanjahus am 29. November 2024 in Brüssel:
„Die israelische Gesellschaft wird von innen heraus von Extremisten und Gewalttätern kolonisiert.
Die Kolonisierung des Geistes der Menschen ist die größte Gefahr für die israelische Gesellschaft, da sie die Grundlagen ihrer Demokratie untergräbt.
Wir müssen uns mit dieser Situation auseinandersetzten, in der ein Haftbefehl des internationalen Strafgerichtshofs (ISTGH) gegen den Premierminister (Benjamin Netanjahu) und den ehemaligen Verteidigungsminister (Joaw Gallant) vorliegt. Wir müssen die Entscheidungen des Gerichtshofs respektieren. Sie sind nicht politisch. Es handelt sich um eine juristische Instanz, die aus angesehenen Personen besteht, die zu den besten unter den Berufsrichtern gehören. Einige von ihnen wurden von Überlebenden der Shoah beraten.
Überlebende der Shoah gehören zu den Beratern des internationalen Strafgerichtshofs.
Der Vorwurf des Antisemitismus ist also wieder einmal ein Schlag ins Leere.
Hören Sie auf, sich hinter Antisemitismus zu verstecken.
Mit Antisemitismus hat das nichts zu tun.
Es geht um weltweites Gerechtigkeitsstreben."

Wenn Böse das Böse heraufbeschwören, um es besiegen zu wollen

In einem Interview mit dem amerikanischen Nachrichtensender MSNBC erklärte der israelische Präsident Jitzchak Herzog am Dienstag, dem 05.12.2023
laut deutscher Untertitel:
„Dieser Krieg ist nicht nur ein Krieg zwischen Israel und der Hamas, es ist ein
Krieg, der wirklich, wahrhaftig darauf abzielt, die westliche Zivilisation zu ret-
ten, die Werte der westlichen Zivilisation zu retten.
Wir werden von einem dschihadistischen Netzwerk angegriffen, einem Imperi-
um des Bösen, das von Teheran ausgeht, mit seinen Truppen in Libanon, der
Hisbollah, mit der Hamas im Gazastreifen, mit den Huthis im Jemen.
Dieses Imperium ist im Irak und will den gesamten Nahen Osten erobern.
Und wenn es uns nicht gäbe, wäre Europa als Nächstes dran und dann die Ver-
einigten Staaten.“

Laut palästinensischem Gesundheitsministerium wurden bei israelischen Ver-
geltungsangriffen auf den Gazastreifen zu diesem Zeitpunkt bereits rund
16.000 palästinensische Zivilisten, dabei vorwiegend Frauen und Kinder getötet.

Wenn das aber ein Krieg sein soll, der wirklich, wahrhaftig darauf abzielt, die
westliche Zivilisation zu retten, die Werte der westlichen Zivilisation zu retten:
Welche Werte hat dann die westliche Zivilisation?

Sowohl die USA, als auch deren Verbündete bedrängen ihre „Gegner“, - die
sie selbst zuvor, meist im Kampf um „angebliche Demokratie“ ausgemacht,
als „Demokratiefeinde“ bewertet und damit gleichzeitig zu deren Gegnern erklärt haben - so lange, bis Jene irgendwann aus „gefühlter Notwehr“ zurückschlagen.
Davor, währenddessen und danach schlagen deren transatlantische Arme geschlossen verbündeter Mediengewalt fortwährend zu, um die öffentliche Meinung, in erster Linie in ihren eigenen Ländern zu beeinflussen und den „erklär-
ten Gegnern“ die Schuld für ihre eigenen „fortwährenden Provokationen“ an-
hängen zu wollen. Dies geschieht meist, um mit noch viel gewalttätigeren Mit-
teln „angeblich legitim“ zurückschlagen und „angebliche Freiheit“ verteidigen
zu wollen.
Das „heiße Eisen“, die Triebfeder, der große „Traum der USA“ und offensichtlich auch Vieler ihrer Verbündeter, Ideologie und blutiges Kernstück, um das
sich deren „angeblich religiöses Gebaren“ rankt und religionskriegerisch defi-
niert, ist die Unterstützung der völkerrechtswidrigen Langzeitbesatzung Palästinas durch den jüdischen Staat Israel.

Zum Selbstverständnis der USA gehört, gesandt zu sein und den Auftrag Gottes zu erfüllen.

„Den Willen Gottes auf Erden zu erfüllen" ist Teil einer Weltsicht, die sich auf das tausendjährige Reich, wie es in der Johannes Offenbarung vorkommt, bezieht: Zunächst taucht das siebenköpfige Tier auf, der Antichrist, dessen Zahl die 666 ist. Er übt 42 Monate lang seine Macht aus, bis er in den Feuersee geworfen wird. Dadurch wird der Satan überwältigt.
Nun folgt die 1000jährige Herrschaft Gottes.
Einen weiteren Einfluss auf die Religion der USA hat der Evangelikalismus. Er ist eine Strömung des Protestantismus, wobei sich laut Umfragen ungefähr 80 Millionen Amerikaner selbst als Evangelikale bezeichnen. Das relativ junge Wort „evangelikal" bedeutet „auf das Evangelium zurückgehend" und ist heute ein feststehender Ausdruck für ein Christentum geworden, das sich auf besondere Weise als bibeltreu versteht und sich von liberaler Theologie abgrenzt. Aus der Bibel erfährt der Gläubige den Willen Gottes, dem er sich unterstellt und den er ausführen will. Mit dem Glauben verbunden ist die Mission und die Bekehrung anderer zum Glauben. Ebenfalls weit verbreitet bei Evangelikalen ist die bedingungslose Unterstützung der Juden als „Gottes auserwähltes Volk" und seines von Gott „JHWH" versprochenen einzigen Staates Israel. In Organisationen wie z. B. Der Internationalen christlichen Botschaft Jerusalem (ICEJ) unterstützen solche christlichen Zionisten aktiv die „Alija", also die Migration verfolgter Juden nach Israel, sowie die Anerkennung Jerusalems als unteilbare Hauptstadt des jüdischen Staates und den Wiederaufbau des biblischen Tempels.
Zwischen den verschiedenen evangelikalen Gruppen herrscht Uneinigkeit darüber, wann die Welt untergehen wird, alle sind aber der Ansicht, dass sie untergehen wird und auch keine Verbesserung und Weiterentwicklung der Menschheit und der Gesellschaft möglich ist.
In Verbindung mit dem Evangelikalismus kann der Fundamentalismus als eine Strömung auftreten. Im Mittelpunkt steht der Glaube an die Irrtumslosigkeit der Bibel. Hinzu kommt die Erwartung der unmittelbar bevorstehenden Apokalypse und der Wiederkehr Christi.
(Quelle: Internet Auszüge aus der Leseprobe "In göttlicher Mission" der Autorin Petra Geisperger)

Was aber kann erstrebenswert daran sein, zusammen mit den USA an den Weltuntergang zu glauben?

Es mag durchaus sein, dass in den Vereinigten Staaten keine Verbesserung und Weiterentwicklung der Menschen und der Gesellschaft möglich ist.
Doch wie können sich Millionen Evangelikale aus den USA anmaßen, von ihrem Land und ihrer Bevölkerung auf die ganze Menschheit zu schließen?
Die Vereinigten Staaten von Amerika, die auf von den Ureinwohnern gestohlenem Land errichtet wurden, haben besonders nach dem 11. September 2001 Kriege begonnen, die sehr viele Menschen das Leben gekostet und das Völker-

recht, sowie die Menschenrechte weltweit, bevorzugt im Nahen und Mittleren Osten grob verletzt haben.
Laut dem UN-Flüchtlingskommissariat zeigen Fakten, dass die USA durch ihre Taten der größte Auslöser der Flüchtlingsprobleme der Erde sind.

Und so sind es die US-amerikanischen Welteroberer und der Langzeitbesatzerstaat Israel inklusive deren Verbündeter, die allen Menschen dieser Welt in einem „zionistischen Religionskrieg" den Glauben an ihre eigene Auserwähltheit aufzwingen wollen, bis nicht nur der Gazastreifen, sondern die ganze Erde in Trümmern liegt.
Wer nicht daran glaubt, dass die Juden in Israel das „auserwählte Volk Gottes" sind, wie es die USA und ihr Gefolge für die Welt bestimmen wollen, kann natürlich bloß ein Antisemit, Rechtsradikaler, Terrorist oder Islamist sein!
Doch wer sind sie selbst?

Der Staat Israel und die vier Grundpfeiler des Zionismus

Der Zionismus
bezeichnet eine nationalistisch-ideologische Bewegung, die auf einen jüdischen Nationalstaat in Palästina zielt und diesen spätestens seit der Staatsgründung zu einem Eretz-Israel ausdehnen, rechtfertigen und bewahren will.
Der Messianismus
Fundamental ist der Glaube an den messianischen Erlösungsprozess, der mit der Geburt des Zionismus begonnen hat.
Die Auserwähltheit
Eine weitere Komponente des Zionismus ist die Betonung einer Besonderheit des jüdischen Volkes: Die Auserwähltheit des jüdischen Volkes durch Gott, der die Juden in bestimmten Punkten von den weltlichen Gesetzen entbindet. Ist nach den weltlichen Gesetzen eine Besiedlung ganz Palästinas nicht erlaubt, ist dies für Zionisten nicht gültig, weil sie dem „göttlichen Befehl", der absolut bindend ist, nicht entspricht.
Die Heiligkeit des Landes
Die religiöse Bewegung erhebt einen absoluten Anspruch auf das ganze Israel in den biblischen Grenzen, das als Symbol für die jüdische Erneuerung angesehen wird. Dieser Anspruch steht über den Ansprüchen aller anderen Völker, da die Juden das auserwählte Volk und damit das einzige Volk, unabhängig von politischen oder wirtschaftlichen Bedingungen, mit einer göttlichen Bindung an ihr Heimatland sind. Wichtig ist dabei zu betonen, dass alle Teile des Landes gleich wichtig sind und es deshalb keine Kompromisse bei einzelnen Gebieten Palästinas geben kann. Für dieses Ziel muss der Kampf um jeden Preis, auch gegen Widerstände geführt werden.

Und so begründet und verteidigt nun der Staat Israel seit viel zu vielen Jahren seine Vertreibungs- und Besatzungspolitik, sowie den Siedlungsbau auf palästinensischem Grund und Boden, aber auch die Völkerrechts- und Menschenrechtsverletzungen gegen das palästinensische Volk mit der Ideologie des „Wir sind das Volk Gottes! Uns gehört Eretz- Israel!"
............und während weltweit versucht wird, zwischen der Sphäre der Politik und der Religion zu unterscheiden, gilt dies für Siedlungspolitik des Judenstaates Israel nicht.

Weil sich jedoch der zionistische Gott Israels und der USA, sowie deren Verbündeter nicht über Wunder oder Heiligkeit, sondern durch militärische Größe, Landraub, Gewalt und Macht über Unschuldige beweisen soll, zwingen Jene der gesamten Erde durch ihre völkerrechtswidrige Besatzung Palästinas und Einmärsche in angrenzende Staaten einen „Religionskrieg" auf, der fortwährend beschönigt, den Palästinensern und anderen Widerstandskämpfern der umliegenden Länder in die Schuhe geschoben und als jahrzehntelang andauernde „Selbstverteidigung" des von den Einheimischen, sowie angrenzenden Staaten ständig bedrohten „einzig demokratischen Land im Nahen Osten" angepriesen und außerdem für „heilig" erklärt werden soll.
Doch vermutlich können das dem Staat Israel und den USA seit ihrem Vernichtungskrieg gegen den Gazastreifen und dessen Bevölkerung nur noch die Allerwenigsten glauben.

So speist sich der Religionskrieg Israels und den USA, die sich ohne jeden göttlichen Beweis als „von Gott auserwählt bezeichnen", um sich über das Menschen- und Völkerrecht zu erheben, aus der anhaltenden Unfähigkeit der Juden, den jüdischen Gott, der sich seit Jahrtausenden nicht wirklich zu ihnen bekennen will, irgendwie beweisen zu wollen, während der Rest der Welt von Jenen keinerlei Beweise fordert.
Welchen Beweis der eigenen Auserwähltheit haben das Volk Israel und das Volk der USA vor Gott oder den Menschen dieser Welt jemals erbracht, um ein angeblich „göttliches Recht auf völkerrechtswidrige Besatzung und Menschenrechtsverletzungen" beanspruchen zu wollen?
Wie haben der Staat Israel und die USA, sowie deren Verbündete für alle Menschen dieser Erde herausgefunden, dass der Gott Israels der "Auserwählte" ist?
Aus welcher Quelle beziehen Jene ihre göttliche Information?

Leider lassen die völkerrechtswidrigen Besatzerstaaten USA und Israel die Welt darüber im Unklaren und führen außer dem „Glauben an ihre eigene Auserwähltheit" keinerlei Begründung an. Doch sollte es für „auserwählte Völker Gottes" nicht eigentlich eine Leichtigkeit sein, dem Rest der Welt schlüssige Beweise für die eigene Auserwähltheit zu präsentieren, anstatt den Nationen dieser Erde nur ständig neue Belege für die Zerstörungskraft ihrer Bomben gegen Unschuldige, die Aushungerung der Menschen im Gazastreifen und die grausame Willkür ihrer „Besatzungssiedler" im Westjordanland zu liefern?

Ben Gurion, der erste Staatschef Israels sagte:
„Wenn ich ein arabischer Führer wäre, würde ich niemals ein Abkommen mit Israel unterzeichnen. Es ist normal; wir haben ihnen das Land weggenommen. Es stimmt zwar: Gott hat es uns versprochen. Aber wieso sollte sie das interessieren? Unser Gott ist nicht der Ihrige.
Da gab es den Antisemitismus, die Nazis Hitler, Ausschwitz. Aber war das ihre Schuld? Sie sahen nur eines: Wir sind gekommen und haben ihr Land gestohlen. Warum sollen sie das akzeptieren?"
(aus den Internetseiten des Palästinaportals)

Es gibt keine historischen Beweise dafür, dass die Menschen, die im Alten Testament erwähnt werden, jemals wirklich gelebt haben. Es gibt auch keine Beweise dafür, dass die Texte des Alten Testamentes über Gott stimmen.
Doch als Begründung für die völkerrechtswidrige Besatzung Palästinas ziehen der Staat Israel und die USA das Alte Testament heran, um mit diesem der Welt erklären zu wollen, dass die Juden das „auserwählte Volk Gottes" sind, dem das Land Palästina rechtmäßig gehören würde.
Dabei berufen sich Zionisten und Juden seit ihrer Rückkehr nach fast 2000-jähriger Vertreibung aus dem Land Palästina auf Textstellen aus dem Alten Testament, in denen deren religiöser Erzvater Abraham noch Abram hieß.
So ist es ganz egal, ob man der Bibel Glauben schenken will oder nicht:
Denn Tatsache im Hier und Jetzt ist, dass die Geschichten des Alten Testamentes, sowie Jene, die sich aus diesem Buch ergeben haben, für religions- und machtpolitische Interessen benutzt werden.

Es stellt sich die Frage, warum die Weltengemeinschaft bisher noch nicht auf die Idee gekommen ist, eine Kommission von Religionswissenschaftlern und Rechtsgelehrten damit zu beauftragen, die Bibel zu studieren, um die Behauptung Israels und den USA, das von ihnen besetzte und nun auch zerstörte Land gehöre den Juden, entweder durch die Texte aus dem Alten Testament zu untermauern oder diesen Anspruch zu verwerfen.

Warum aber schweigen die großen, angeblichen Christenkirchen so hartnäckig zum Religionskrieg der Zionisten in Palästina, die das Gebot der Nächstenliebe mit den Füßen treten und deren Vertreibung und Völkermord an der Zivilbevölkerung auch vor christlichen Palästinensern nicht Halt macht?

Als Papst Pius X. im Jahre 1904 keine echte Antwort auf die Judenfrage des Zionistenführers Theodor Herzl wusste.........................

Heutzutage wird die Mär von einer gemeinsamen jüdisch- christlichen Geschichte in die Welt getragen, die die Jahrhunderte der Judenverfolgung in Europa vollkommen ausblendet.
In Wahrheit gibt es eine lange Geschichte der Entfremdung von Juden und Christen, zwischen deren Religionen und Lehre gar keine Einigkeit bestehen kann.
Denn entweder ist Jesus der König der Juden und die Nächstenliebe göttliches Gesetz oder nicht.

Seit Gründung der römisch- katholischen Kirche ist es daher die Aufgabe der Päpste, den Menschen, insbesondere den Juden, Jesus als König der Juden zu beweisen, um das Gesetz der Nächstenliebe auf der Erde durchzusetzen.
Auch Martin Luther, der die Bibel übersetzte, hat diesen Beweis nicht erbracht und so ist genau dies seit 500 Jahren ebenso die Aufgabe der Schriftgelehrten der evangelischen Kirche. Und hätten die Kirchenoberhäupter ihre Arbeit getan, wäre der Menschenwelt sowohl die Judenverfolgung in Europa, als auch viel Krieg auf der Welt erspart geblieben.

Es ist nicht wirklich schwer, Jesus als König der Juden zu beweisen, weshalb der Messias der Christen laut Neuem Testament sagt:
NT Johannes 5. 39
Ihr erforscht die Schriften, denn *ihr* meint, in ihnen ewiges Leben zu haben, und *sie* sind es, die von mir zeugen;

So war es die Judenverfolgung, die den jüdischen Österreicher Theodor Herzl veranlasste, im Jahre 1896 n. Chr. die Schrift:
Der Judenstaat. Versuch einer modernen Lösung der Judenfrage
zu verfassen.
Theodor Herzl gilt als "Vater des politischen Zionismus" und die Vision, einen Judenstaat zu errichten, war eine Antwort auf die Herausforderungen durch den europäischen Antisemitismus.
Anliegen waren der Erhalt des Judentums, die Zusammenführung der Juden in einer eigenen "Heimstätte" und die Neubestimmung jüdischer Identität.
Er schrieb in seinem Buch:
Der Judenstaat ist ein Weltbedürfnis, folglich wird er entstehen.
(Der Judenstaat, S.5)

Er verstand das Judentum als Volk, wollte diesem ein Heimatland geben und es gelang ihm, mit seinem Buch die Judenfrage an die Welt zu eröffnen:

Nun meine ich, dass das elektrische Licht durchaus nicht erfunden wurde, damit einige Snobs ihre Prunkgemächer beleuchten, sondern damit wir bei seinem Scheine die Fragen der Menschheit lösen. Eine, und nicht die unbedeutendste, ist die Judenfrage. Indem wir sie lösen, handeln wir nicht nur für uns selbst, sondern auch für viele andere Mühselige und Beladene. Die Judenfrage besteht. Es wäre töricht, sie zu leugnen.

(Der Judenstaat, S.10/11)

Weiter heißt es in seinem Buch vom Judenstaat:

Palästina ist unsere unvergessliche historische Heimat. Dieser Name allein wäre ein gewaltig ergreifender Sammelruf für unser Volk. Wenn seine Majestät der Sultan uns Palästina gäbe, könnten wir uns dafür anheischig machen, die Finanzen der Türkei gänzlich zu regeln.

Für Europa würden wir dort ein Stück des Walles gegen Asien bilden, wir würden den Vorpostendienst der Cultur gegen die Barbarei besorgen.

Wir würden als neutraler Staat im Zusammenhange bleiben mit ganz Europa, das unsere Existenz garantieren müßte.

(Der Judenstaat, S. 29)

Für die heiligen Stätten der Christenheit liesse sich eine völkerrechtliche Form der Exterritorialisierung finden. Wir müssen die Ehrenwache um die heiligen Stätten bilden und mit unserer Existenz für die Erfüllung dieser Pflicht haften. Diese Ehrenwache wäre das große Symbol für die Lösung der Judenfrage nach achtzehn für uns qualvollen Jahrhunderten.

(Der Judenstaat, S. 29)

Am Ende seines Buches über den Judenstaat glaubte er:

Man wird in den Tempeln beten für das Gelingen des Werkes. Aber in den Kirchen auch! Es ist die Lösung eines alten Druckes, unter dem Alle litten. Aber zuerst muss es licht werden in den Köpfen.

Der Gedanke muss hinausfliegen bis in die letzten jammervollen Nester, wo unsere Leute wohnen. Sie werden aufwachen aus ihrem dumpfen Brüten. Denn in unser Aller Leben kommt ein neuer Inhalt. Jeder braucht nur an sich selbst zu denken, und der Zug wird schon ein gewaltiger.

Und welcher Ruhm erwartet die selbstlosen Kämpfer für die Sache!

Darum glaube ich, dass ein Geschlecht wunderbarer Juden aus der Erde wachsen wird. Die Makkabäer werden wieder aufstehen. Noch einmal sei das Wort des Anfangs wiederholt: Die Juden, die wollen, werden einen Staat haben.

Wir sollen endlich als freie Männer auf unserer eigenen Scholle leben und in unserer eigenen Heimat ruhig sterben. Die Welt wird durch unsere Freiheit befreit, durch unseren Reichtum bereichert, und vergrößert durch unsere Größe. Und was wir dort nur für unser eigenes Gedeihen versuchen, wirkt machtvoll und beglückend hinaus zum Wohle aller Menschen.

(Der Judenstaat, S.85/86)

Theodor Herzl und seine Weggefährten sahen die Lösung der Judenfrage in einem eigenen Staat und forderten ein jüdisches Territorium, das im Jahre 1897 n. Chr. mit dem Basler Programm des Zionistischen Kongresses auf Palästina festgelegt wurde.

Der Brisanz der konkurrierenden Landansprüche zwischen der dort lebenden Bevölkerung und den Zionisten, die in Palästina ihren Staat errichten wollten, waren sich viele Beteiligte und Beobachter von Anfang an bewusst.

Denn als die Wiener Rabbis nach dem Ersten Zionistischen Kongress im Jahr 1897 n. Chr. in Basel zwei Vertreter auf eine Mission nach Palästina schickten, um dort die Chancen für einen jüdischen Staat zu sondieren, kabelten diese nach Wien: „Die Braut ist wunderschön, aber sie ist mit einem anderen Mann verheiratet."

Der Zionismus stützte sich als siedlerkolonialistische Bewegung auf die Herrschaftsinteressen der europäischen Mächte, allen voran Großbritanniens und spätestens, seit der österreichische Jude Theodor Herzl mit seinem Buch „Der Judenstaat" die Judenfrage im Jahre 1896 n. Chr. an die Welt eröffnete und zur politischen Weltfrage erklärte, wurde sie zu einer.

So versuchte der Zionistenführer nicht nur, die Gunst der damaligen Großmächte, sondern auch die des Vatikans für einen Judenstaat in Palästina zu gewinnen.

Am 26. Januar 1904 traf Herzl in Rom Papst Pius X., um für sein Vorhaben der Gründung eines jüdischen Staates in Palästina seine Unterstützung zu erbitten.

In der römisch- katholischen Zeitschrift Einsicht (Credo ut intelligam) 54. Jahrgang Nr. 1 / Januar 2024 war darüber im Internet zu lesen:

Papst Pius X. und Theodor Herzl
Bericht über die Begegnung mit Papst Pius X. 1904

Im Jahr 1904 besuchte der Zionistenführer Theodor Herzl den Vatikan, um Papst Pius X. zu bitten, ihn bei der Errichtung eines modernen jüdischen Staates Israel, der Heimat der jüdischen Nation zu unterstützen.

Doch Pius lehnte ab.

Am 1. Juli 1956 wurde in der Zeitschrift La Terre Retrovée ein Text Theodor Herzls über seine Begegnung mit Papst Pius X. am 26. Januar 1904 veröffentlicht, der auch in den Aufzeichnungen aus dem 18. Band von Herzls "Tagebüchern" erschien:

„Gestern wurde ich von Papst Pius X. empfangen. Er streckte mir die Hand entgegen, die ich nicht küßte. Er saß auf einem Stuhl, einer Art Thron für weniger wichtige Angelegenheiten und lud mich ein, bei ihm zu sitzen. Der Papst ist ein ziemlich grober Dorfpfarrer, für die das Christentum wie etwas lebendiges ist, auch im Vatikan. Ich erklärte ihm mit wenigen Worten mein Anliegen. Er aber, vielleicht verärgert, weil ich nicht seine Hand geküßt hatte, antwortete mir brüsk: „Wir können Ihre Bewegung nicht gutheißen. Wir können die Juden nicht daran hindern, nach Jerusalem zu gehen, wir können dies aber

auch niemals gutheißen. Wenn er nicht heilig war, wurde der Boden Jerusalems durch das Leben Jesu Christi geheiligt. Als Haupt der Kirche kann ich Ihnen keine andere Antwort geben. Die Juden haben Unseren Herrn nicht anerkannt. Wir können nicht das jüdische Volk anerkennen."
Auf diese Art wurde der alte Konflikt zwischen Rom und Jerusalem, personifiziert durch mein Gegenüber und durch mich, in uns wiederbelebt.
Anfangs versuchte ich mich versöhnlich zu geben. Ich hielt ihm eine kurze Rede über die Exterritorialität. Das schien ihn nicht zu beeindrucken.
„Jerusalem", sagte er, „darf um keinen Preis in die Hände der Juden fallen."
„Und was denken Sie über den derzeitigen Status, Euer Heiligkeit?"
„Ich weiß, es ist bedauerlich, die Türken im Besitz unserer Heiligen Stätten zu sehen. Wir müssen uns aber damit abfinden. Die Unterstützung des Wunschs der Juden, sich dort niederzulassen, ist uns unmöglich."
Ich antwortete ihm, daß wir unsere Bewegung wegen des Leidens der Juden gegründet haben und gewillt sind, alle religiösen Fragen beiseite zu lassen.
„Gut, aber als Haupt der Katholischen Kirche können wir nicht die gleiche Haltung einnehmen. Man verursacht eine der beiden folgenden Dinge: entweder werden die Juden weiterhin ihren alten Glauben bewahren und weiterhin auf den Messias warten, von dem wir Christen glauben, daß er bereits auf die Erde gekommen ist, in diesem Fall leugnen sie die Gottheit Christi und wir können ihnen nicht helfen, oder sie gehen nach Palästina ohne irgendeine Religion zu bekennen, in diesem Fall haben wir nichts mit ihnen zu tun.
Der jüdische Glaube hat dasselbe Fundament wie unserer, wurde aber durch die Lehren Christi überholt, weshalb ich nicht anerkennen kann, daß er heute noch irgendeine Gültigkeit hat. Die Juden, die als erste Jesus Christus erkennen sollten, haben es bis heute nicht getan."
Mir lag schon die Anmerkung auf der Zunge: „Das passiert in jeder Familie, niemand glaubt seinen nächsten Verwandten". In Wirklichkeit sagte ich aber: „Terror und Verfolgung waren sicher nicht die besten Mittel, um die Juden zu bekehren." Seine Antwort, war in ihrer Einfachheit ein Element der Größe:
„Unser Herr kam in die Welt ohne Macht. Er war arm. Er kam in Frieden. Er verfolgte niemanden, Er wurde sogar von seinen Aposteln verlassen. Erst später erreichte sie ihre wahre Natur. Die Kirche brauchte drei Jahrhunderte an Entwicklung. Die Juden hatten also alle Zeit, um die Gottheit Christi ohne Druck und ohne Gewalt zu akzeptieren. Aber sie entschieden sich, es nicht zu tun und haben es bis heute nicht getan."
Aber die Juden haben schreckliche Prüfungen durchgemacht. Ich weiß nicht, ob Eure Heiligkeit die Schrecken der Tragödie kennt.
Wir brauchen ein Land für diese Umherirrenden.
„Muß es Jerusalem sein?"
Wir fordern nicht Jerusalem ohne Palästina, das Jahrhunderte alte Land.
„Wir können uns nicht für dieses Projekt erklären." (1)

Die Frage bleibt offen, warum sich Papst Pius X. auf das Gespräch mit dem
Zionistenführer Theodor Herzl nicht besser vorbereitete, nachdem dieser acht
Jahre zuvor die Judenfrage an die Welt eröffnet hatte.
Kann es von einem Papst kraft seines religiösen Amtes zu viel verlangt sein,
erst die passenden Stellen in der Bibel nachzulesen, bevor er sich mit einem
Mann wie Theodor Herzl zusammensetzt?

Kann es falsch sein, auch von den Oberhäuptern der evangelischen Kirche zu
erwarten, die Judenfrage, die Theodor Herzl im Jahre 1896 n. Chr. an die Menschenwelt und damit im Besonderen an die Christenkirchen eröffnet hatte, im
Sinne ihres Auftrags religiös zu lösen, zumal Jesus im Neuen Testament sagte:
NT Math. 13. 52
**Er aber sprach zu ihnen: Darum ist jeder Schriftgelehrte, der ein Jünger
des Reiches der Himmel geworden ist, gleich einem Hausherrn, der aus
seinem Schatz Neues und Altes hervorbringt.**

Warum hatte Papst Pius X. dem Zionistenführer damals nicht einfach Folgendes geantwortet?

Es steht geschrieben:
AT 1. Mose 12. 1- 3
**Und der HERR sprach zu Abram: Geh aus deinem Land und aus deiner
Verwandtschaft und aus dem Haus deines Vaters in das Land, das ich dir
zeigen werde. Und ich will dich zu einer großen Nation machen, und ich
will dich segnen, und ich will deinen Namen groß machen, und du sollst
ein Segen sein! Und ich will segnen, die dich segnen, und wer dir flucht,
den werde ich verfluchen; und in dir sollen gesegnet werden alle Geschlechter der Erde!**
AT 1. Mose 12. 6- 7
**Und Abram durchzog das Land bis zur Stätte von Sichem, bis zur Tere-
binthe More. Damals waren die Kanaaniter im Land. Und der HERR erschien dem Abram und sprach: Deinen Nachkommen will ich dieses Land
geben. Und er baute dort dem HERRN, der ihm erschienen war, einen
Altar.**
AT 1. Mose 13. 15- 18
**Denn das ganze Land, das du siehst, dir will ich es geben und deinen Nach-
kommen für ewig. Und ich will deine Nachkommen machen wie den Staub
der Erde, so daß, wenn jemand den Staub der Erde zählen kann, auch
deine Nachkommen gezählt werden. Mache dich auf, und durchwandere
das Land seiner Länge nach und seiner Breite nach! Denn dir will ich es
geben. Und Abram schlug (seine) Zelte auf und ging hin und ließ sich nieder unter den Terebinthen von Mamre, die bei Hebron sind; und er baute
dort dem HERRN einen Altar.**

Doch nach all diesen Versprechen über dieses Land war der HERR dem Abram im Verlauf des Textes des Alten Testamentes erneut erschienen:

AT 1. Mose 17. 1- 5
Und Abram war 99 Jahre alt, da erschien der HERR dem Abram und sprach zu ihm: Ich bin Gott, der Allmächtige. Lebe vor meinem Angesicht, und sei untadelig! Und ich will meinen Bund zwischen mir und dir setzen und will dich sehr, sehr mehren. Da fiel Abram auf sein Angesicht und Gott redete mit ihm und sprach: Ich, siehe (das ist) mein Bund mit dir: Du wirst zum Vater einer Menge von Nationen werden. Und nicht mehr soll dein Name Abram heißen, sondern Abraham soll dein Name sein! Denn zum Vater einer Menge von Nationen habe ich dich gemacht.

An dieser Stelle des Textes des Alten Testamentes entschloss sich der HERR des Alten Testamentes, Abrams Namen doch nicht groß werden zu lassen und in ihm alle Geschlechter der Erde zu segnen, sondern sprach zu ihm:
Ich, siehe (das ist) mein Bund mit dir: Du wirst zum Vater einer Menge von Nationen werden. Und nicht mehr soll dein Name Abram heißen, sondern Abraham soll dein Name sein! Denn zum Vater einer Menge von Nationen habe ich dich gemacht.

So ist der Bund, der zwischen Abram, den Juden und dem HERRN besteht, der Bund der Namensänderung deren Erzvaters Abram zu Abraham, den er zum Vater einer Menge von Nationen gemacht hat.
Außerdem hatte der HERR zuvor zu Abram gesprochen:
Ich bin Gott, der Allmächtige. Lebe vor meinem Angesicht, und sei untadelig! Und ich will meinen Bund zwischen mir und dir setzen und will dich sehr, sehr mehren.
In dieser Textstelle macht der HERR des Alten Testamentes deutlich, dass er seinen Bund zwischen sich und Abram/Abraham nur dann setzen will, wenn dieser auch untadelig sein würde.

Doch über Abraham ist zu lesen:
AT 1. Mose 20. 1- 16
Abraham und Sara bei Abimelech
Und Abraham brach von dort auf ins Land des Südens und wohnte zwischen Kadesch und Schur. Als er sich in Gerar als Fremder aufhielt, sagte Abraham von seiner Frau Sara: Sie ist meine Schwester. Da sandte Abimelech, der König von Gerar, hin und ließ Sara holen. Und Gott kam zu Abimelech im Traum der Nacht und sprach zu ihm: Siehe, du bist des Todes wegen der Frau, die du genommen hast; denn sie ist eine verheiratete Frau. Abimelech aber hatte sich ihr nicht genaht; und er sprach: Herr, willst du denn eine gerechte Nation erschlagen? Hat er nicht selbst zu mir gesagt: Sie ist meine Schwester? Und sie, auch sie selbst hat ge-

sagt: Er ist mein Bruder. In Lauterkeit meines Herzens und in Unschuld
meiner Hände habe ich das getan. Da sprach Gott im Traum zu ihm: Auch
ich weiß, daß du in Lauterkeit deines Herzens dies getan hast, und so habe
ich selbst dich auch davon abgehalten, gegen mich zu sündigen; darum
habe ich dir nicht gestattet, sie zu berühren. Und nun, gib die Frau des
Mannes zurück! Denn er ist ein Prophet und wird für dich bitten, daß du
am Leben bleibst! Wenn du sie aber nicht zurückgibst, so wisse, daß du
sterben mußt, du und alles, was (zu) dir gehört. Und Abimelech stand früh
am Morgen auf und rief alle seine Knechte und redete alle diese Worte vor
ihren Ohren; da fürchteten sich die Männer sehr. Und Abimelech rief Abraham und sagte zu ihm: Was hast du uns angetan! Und was habe ich an
dir gesündigt, daß du über mich und über mein Königreich eine (so) große
Sünde gebracht hast? Dinge, die nicht getan werden dürfen, hast du mir
angetan. Und Abimelech sagte zu Abraham: Was hast du (damit) beab-
sichtigt, daß du dies getan hast? Und Abraham sprach: Weil ich (mir) sagte: Gewiß gibt es keine Gottesfurcht an diesem Ort, und sie werden mich
erschlagen um meiner Frau willen. Und sie ist auch wirklich meine Schwester; die Tochter meines Vaters ist sie, nur nicht die Tochter meiner Mutter; so ist sie meine Frau geworden. Und es geschah, als Gott mich aus
meines Vaters Haus (ziehen und) umherirren ließ, da sagte ich zu ihr: Das
sei deine Gefälligkeit, die Du mir erweisen mögest: An jedem Ort, wohin
wir kommen, sage von mir: Er ist mein Bruder! Da nahm Abimelech Schafe und Rinder und Knechte und Mägde und gab sie dem Abraham; und
(auch) Sara, seine Frau, gab er ihm zurück. Und Abimelech sagte: Siehe,
mein Land (liegt) vor dir, wohne, wo es gut ist in deinen Augen. Und zu
Sara sagte er: Siehe, ich habe deinem Bruder tausend Silber(- Schekel) gegeben; siehe, das sei zu deinen Gunsten eine Augendecke für alle, die bei
dir sind, und du bist in allem gerechtfertigt.
(Bei Gerar soll es sich laut Recherche der Autorin um das heutige Gaza handeln)

Abraham hatte sich laut Aussage dieses Textes des Alten Testamentes gegenüber König Abimelech keinesfalls untadelig verhalten, obwohl sein HERR ihm
dieses Gesetz bereits mit auf den Lebensweg gegeben hatte, um einen Bund
zwischen sich und den Erzvater der Juden setzen zu wollen.
Doch König Abimelech hatte sich gegenüber Abraham an das Gesetz der Untadeligkeit gehalten und musste den Erzvater der Juden an Gott und dessen
Gebot der Untadeligkeit erinnern: **Und Abimelech rief Abraham und sagte
zu ihm: Was hast du uns angetan! Und was habe ich an dir gesündigt, daß
du über mich und über mein Königreich eine (so) große Sünde gebracht
hast? Dinge, die nicht getan werden dürfen, hast du mir angetan.**

Warum aber sollen den jüdischen Nachfahren Abrahams alle diese Länder gehören, wenn sich Abram/Abraham nicht an:
**Ich bin Gott, der Allmächtige. Lebe vor meinem Angesicht, und sei unta-
delig! Und ich will meinen Bund zwischen mir und dir setzen und will dich**

sehr, sehr mehren gehalten hat und somit Gott keinen Bund zwischen sich und Abram/ Abraham, jedoch zwischen sich und Abimelech, den untadeligen König von Gerar setzen wollen konnte?

Muss nach (dem Gesetz) der Untadeligkeit, die der HERR eingefordert hatte, um einen Bund zwischen sich und Abram/Abraham setzen zu wollen und Abraham nicht beachtete, jedoch Abimelech diesem treu blieb, das Land demzufolge nach dem Text und dem Gesetz des HERRN des Abram/ Abraham aus dem Alten Testament dann nicht den Nachfahren Abimelechs gehören?
Denn wird der HERR des Alten Testamentes nicht mit Demjenigen seinen Bund geschlossen haben, der auf seine Worte hörte und mit dem er aufgrund dessen auch einen Bund setzen wollen konnte?
Der vom HERRN beschlossene Bund zwischen Abram/Abraham des Alten Testamentes, der laut Aussage des Textes des Alten Testamentes Beständigkeit hat und auf den sich die Juden berufen können, ist:
Ich, siehe (das ist) mein Bund mit dir: Du wirst zum Vater einer Menge von Nationen werden. Und nicht mehr soll dein Name Abram heißen, sondern Abraham soll dein Name sein! Denn zum Vater einer Menge von Nationen habe ich dich gemacht.

Da aber des HERRN Bund mit Abram dessen Namensänderung zu Abraham ist, können auch alle Landgaben, die der HERR einst dem Abram versprochen hat, keine Gültigkeit mehr besitzen. Denn der bestehende Bund der Juden mit dem HERRN ist die Namensänderung ihres Erzvaters von Abram zu Abraham.

So beweist bereits dieser Text über Abraham, (von denen sich im Alten Testament noch weitere finden lassen), dass der HERR dieses Buches keinen (göttlichen) Bund zwischen sich und Abram/Abraham setzen wollen konnte.
Deshalb sagte Jesus, Herr der Wahrheit, der vor dem Angesicht des HERRN untadelig bleiben und mit dem Lügner Abraham nichts zu tun haben wollte, zu den Juden:
NT Joh. 8.58
Jesus sprach zu Ihnen:
Wahrlich, wahrlich, ich sage euch: Ehe Abraham war, bin ich.

Mit Jesus als untadeligem König, der das Gesetz für Abram/ Abraham befolgte, hätten die Juden einen Bund mit dem HERRN besitzen können.
Doch sie wollten ihn nicht.

…… und das Unrecht seinen Anfang nahm

So ist die heutige Weltpolitik ist wie sie ist, weil weder die evangelische, noch die katholische Kirche und an erster Stelle Papst Pius X. die Judenfrage nach dem Land Palästina, die er von dem Zionistenführer Theodor Herzl während dessen Audienz im Jahre 1904 ganz direkt gestellt bekam, nicht beantworten konnte oder nicht beantworten wollte.

Doch hätte der Papst vor über 120 Jahren ganz einfach in der Bibel nachgelesen und den Zionistenführer Theodor Herzl mit den Texten des Alten Testamentes konfrontiert, um im Sinne Jesu vor der ganzen Welt Verantwortung zu übernehmen, wäre Theodor Herzl mit seiner Vision vom Judenstaat in Palästina wohl nicht weit gekommen und die Welt wäre heute eine andere.

Und hätten bereits die ersten Päpste ihre Arbeit getan und den Juden anhand der Texte der Bibel bewiesen, dass Jesus deren König ist, hätte es keine Judenverfolgung in Europa geben können,
damit auch keinen Theodor Herzl oder Adolf Hitler, die Beide anstatt der Christenkirchen die Judenfrage an die Menschheit richteten und beantworten wollten, keine Neuordnung der Welt nach dem Zweiten Weltkrieg und auch keine UN, die in einer „demokratischen Abstimmung" einen Staat Israel beschlossen haben, obwohl das Land Palästina den UN gar nicht gehört.
Und so werden nun die Palästinenser Opfer eines Völkermordes genau des Staates, den die Vereinten Nationen in einer „demokratischen Wahl" nach dem 2. Weltkrieg und dem Holocaust der Deutschen selbst (mit) ins Leben gerufen haben.

Es ist nicht wirklich schwer, Jesus als König der Juden zu beweisen, da **der König der Juden über seine Gesetzestreue bestimmt werden kann.**

Denn für den jüdischen König gibt es laut den Texten des Alten Testamentes drei Gesetze, an die er sich zu halten hat:
1. Das Gesetz des HERRN des Abram/Abraham
2. Die Gebote Mose
3. Das Gesetz Mose wegen des Königs

Derjenige, der dies schafft, ist deshalb laut dem HERRN der Texte des Alten Testamentes der vom HERRN gewollte König der Juden.

Die Gesetze des HERRN des Abram/Abraham
aus dem Alten Testament

AT 1. Mose 12. 1- 3
Und der HERR sprach zu Abram: Geh aus deinem Land und aus deiner Verwandtschaft und aus dem Haus deines Vaters in das Land, das ich dir zeigen werde! Und ich will dich zu einer großen Nation machen, und ich will dich segnen, und ich will deinen Namen groß machen, und du sollst ein Segen sein! Und ich will segnen, die dich segnen, und wer dir flucht, den werde ich verfluchen; und in dir sollen gesegnet werden alle Geschlechter der Erde!
AT 1. Mose 12. 6- 7
Und Abram durchzog das Land bis zur Stätte von Sichem, bis zur Terebinthe More. Damals waren die Kanaaniter im Land. Und der HERR erschien dem Abram und sprach: Deinen Nachkommen will ich dieses Land geben. Und er baute dort dem HERRN, der ihm erschienen war, einen Altar.
AT 1. Mose 13. 15- 18
Denn das ganze Land, das du siehst, dir will ich es geben und deinen Nachkommen für ewig.
Und ich will deine Nachkommen machen wie den Staub der Erde, so daß, wenn jemand den Staub der Erde zählen kann, auch deine Nachkommen gezählt werden. Mache dich auf, und durchwandere das Land seiner Länge nach und seiner Breite nach! Denn dir will ich es geben.
Und Abram schlug (seine) Zelte auf und ging hin und ließ sich nieder unter den Terebinthen von Mamre, die bei Hebron sind; und er baute dort dem HERRN einen Altar.

Erstes Gesetz des HERRN des Abram ist, Abrams Namen groß und zu einer großen Nation zu machen, um in ihm alle Geschlechter der Erde zu segnen und dessen Nachkommen Land zu geben.

AT 1. Mose 17. 1- 5
Und Abram war 99 Jahre alt, da erschien der HERR dem Abram und sprach zu ihm: Ich bin Gott, der Allmächtige. Lebe vor meinem Angesicht, und sei untadelig! Und ich will meinen Bund zwischen mir und dir setzen und will dich sehr, sehr mehren.
Da fiel Abram auf sein Angesicht und Gott redete mit ihm und sprach: Ich, siehe (das ist) mein Bund mit dir: Du wirst zum Vater einer Menge von Nationen werden. Und nicht mehr soll dein Name Abram heißen, sondern Abraham soll dein Name sein! Denn zum Vater einer Menge von Nationen habe ich dich gemacht.

Zweites Gesetz des HERRN des Abram ist, vor Gottes Angesicht zu leben und
untadelig zu sein, damit der HERR seinen Bund zwischen sich und Abram setzen und ihn mehren will,
sowie der vom HERRN beschlossene Bund, Abrams Namen doch nicht groß
und zu einer großen Nation werden zu lassen und in ihm alle Geschlechter der
Erde zu segnen, sondern dessen Namen in Abraham abzuändern und ihn zum
Vater einer Menge von Nationen zu machen.

AT 1. Mose 17. 10- 14
**Dies ist mein Bund, den ihr halten sollt, zwischen mir und euch und dei-
nen Nachkommen nach dir: alles, was männlich ist, soll bei euch beschnitten werden; und zwar sollt ihr am Fleisch eurer Vorhaut beschnitten werden! Das wird das Zeichen des Bundes sein zwischen mir und euch. Im Al-
ter von 8 Tagen soll alles, was männlich ist, bei euch beschnitten werden,
durch eure Generationen, der im Haus geborene und der von irgendeinem
Fremden für Geld gekaufte (Sklave), der nicht von deiner Nachkommen-
schaft ist; beschnitten werden muß, der in deinem Haus geborene und der
für dein Geld gekaufte (Sklave)! Und mein Bund an eurem Fleisch soll ein
ewiger Bund sein. Ein unbeschnittener Männlicher aber, der am Fleisch
seiner Vorhaut nicht beschnitten ist, diese Seele soll ausgerottet werden
aus ihrem Volk, meinen Bund hat er ungültig gemacht!**
AT 1. Mose 17. 23- 27
**Und Abraham nahm seinen Sohn Ismael und alle in seinem Haus gebore-
nen und alle mit seinem Geld gekauften (Sklaven), alles, was unter den
Leuten des Hauses Abraham männlich war, und beschnitt das Fleisch ihrer Vorhaut an eben diesem Tag, wie Gott zu ihm geredet hatte. Abraham
war 99 Jahre alt, als er am Fleisch seiner Vorhaut beschnitten wurde. Und
sein Sohn Ismael war dreizehn Jahre alt, als er am Fleisch seiner Vorhaut
beschnitten wurde. So wurden an eben diesem Tag Abraham und sein
Sohn Ismael beschnitten und alle Männer seines Hauses, der im Haus geborene und der von einem Fremden für Geld gekaufte (Sklave) wurden
mit ihm beschnitten.**

Drittes Gesetz des Gottes des Alten Testamentes für Abraham ist die Beschneidung der männlichen Genitalien unter der gleichzeitigen Einführung von Geld
und der Billigung des Menschenhandels, sowie der Sklavenhaltung.

(Doch Geld kann es zu Zeiten Abrahams noch nicht gegeben haben, da die
ersten geprägten Münzen angeblich 700 v. Chr. von den Lydiern hergestellt
wurden.)

Isaak

Auch Abrahams Sohn Isaak, der zweite Erzvater der Juden, traf Jahre später
ebenfalls ausgerechnet auf König Abimelech.

AT 1. Mose 26. 1- 11

**Und es entstand eine Hungersnot im Lande, nach der vorigen Hungers-
not, die in den Tagen Abrahams gewesen war. Da ging Isaak zu Abimelech,
dem König der Philister, nach Gerar.**

**Und der HERR erschien ihm und sprach: Zieh nicht hinab nach Ägypten;
bleibe in dem Land, das ich dir sage! Halte dich als Fremder auf in diesem
Land! Und ich werde mit dir sein und dich segnen; denn dir und deinen
Nachkommen werde ich all diese Länder geben, und ich werde den
Schwur aufrecht erhalten, den ich deinem Vater Abraham geschworen habe. Und ich werde deine Nachkommen zahlreich machen wie die Sterne
des Himmels und deinen Nachkommen alle diese Länder geben; und mit
deinen Nachkommen werden sich segnen alle Nationen der Erde dafür,
daß Abraham meiner Stimme gehorcht und meine Vorschriften gehalten
hat, meine Gebote, meine Ordnungen und meine Gesetze. So blieb Isaak
in Gerar. Als nun die Männer des Ortes sich nach seiner Frau erkundig-
ten, da sagte er: Sie ist meine Schwester. Denn er fürchtete sich zu sagen:
meine Frau. (Er dachte nämlich:) Die Männer des Ortes könnten mich
sonst wegen Rebekka erschlagen, denn sie ist schön von Aussehen. Und es
geschah, als er längere Zeit dort war, da blickte Abimelech, der König der
Philister, durchs Fenster herab und er sah, und siehe, Isaak koste mit Rebekka, seiner Frau.**

**Da rief Abimelech den Isaak und sagte: Siehe, sie ist ja deine Frau! Wie
konntest du sagen: Sie ist meine Schwester? Da sagte Isaak zu ihm: Weil
ich (mir) sagte: Ich könnte sonst ihretwegen sterben.**

**Und Abimelech sprach: Was hast du uns da angetan! Wie leicht hätte einer
aus dem Volk bei deiner Frau liegen können, und du hättest Schuld über
uns gebracht. Und Abimelech befahl allem Volk: Wer diesen Mann und
seine Frau antastet, muß getötet werden.**

Erstaunlicherweise lobt der HERR des Alten Testamentes Abraham in diesem
Text vor dessen Sohn Isaak, alle seine Vorschriften, Gebote, Ordnungen und
Gesetze gehalten zu haben und verspricht auch Isaak Land.

Doch der Text des Alten Testamentes von der Begegnung seines Vaters mit
Abimelech, dem König von Gerar, der bereits Abraham an Gott und dessen
Gebot der Untadeligkeit erinnern musste, zeugt davon, dass sich Abraham
nicht an alle Gesetze des HERRN gehalten hat, obwohl der Text des Alten
Testamentes es nun an dieser Stelle vor Isaak behauptet.

Abimelech, der König der Philister, der schon von Abraham belogen wurde,
sagte nun zu dessen Sohn ebenfalls: **Was hast du uns da angetan!**, nachdem

Isaak wie bereits sein Vater vor ihm versucht hatte, das Volk der Philister zum
Ehebruch zu verführen, indem er seine Ehefrau als Schwester ausgab:
**Wie leicht hätte einer aus dem Volk bei deiner Frau liegen können, und du
hättest Schuld über uns gebracht. Und Abimelech befahl allem Volk: Wer
diesen Mann und seine Frau antastet, muß getötet werden.**

Isaak, der dem Volk der Philister Gottlosigkeit unterstellt hatte, um sie (als
Gast) zu belügen, traf, wie bereits sein Vater ebenfalls auf König Abimelech,
der ihn, wie zuvor seinen Vater bei der Verleugnung seiner Ehefrau ertappt
hatte. König Abimelech, ausgestattet mit aller Macht, ließ den Lügner Isaak
nicht in den Kerker werfen oder des Landes verweisen, um ihn zurück in die
Hungersnot zu schicken, sondern verbot stattdessen seinen Bürgern unter
Androhung der Todesstrafe, sich an Isaak und dessen Frau schuldig zu machen,
damit das Volk der Philister mit ihm als deren König untadelig bleiben würde.
Doch auch als „angebliche Schwester" schien bis zu diesem Zeitpunkt kein
Philister die Ehefrau des Isaak begehrt zu haben, obwohl sich das Paar laut
Aussage dieses Textes schon längere Zeit in Gerar aufhielt.

Warum hatte Isaak nicht einfach auf den HERRN vertraut, der zu ihm gesagt
hatte: **Und ich werde mit dir sein und dich segnen**, anstatt seine Ehefrau
Rebekka zu verleugnen und Abimelech und das Volk der Philister zu belügen,
um Jene ohne deren Wissen zum Ehebruch verführen zu wollen?
So waren es nicht Abimelech oder die Philister, die sich als gottlos erwiesen,
sondern Isaak, der seinem eigenen HERRN nicht vertraute und - wie bereits
sein Vater vor ihm – stattdessen die Philister belog.

Abimelech richtete weder Abraham, noch Isaak, noch rächte er sich für deren
Lügen, sondern sagte Jenen deutlich, was er von deren Benehmen hielt.
So ist es laut Aussage der Texte des Alten Testamentes der Gnade des Königs
der Philister zu verdanken, dass er Jenen ihre Lügen verzieh und seine Macht
weder gegen Abraham, noch gegen dessen Sohn Isaak ausspielte, um sie entweder ins Gefängnis zu werfen, des Landes zu verweisen oder umbringen zu
lassen.
Wäre Abimelech, der König der Philister laut Aussage der Texte des Alten Testamentes nicht ein so überaus gnädiger Herrscher gewesen, hätte es keine
Nachfahren Abrahams und Isaaks mehr gegeben und somit auch kein Altes Testament und keine Juden.

Doch sowohl Abraham, als auch sein Sohn Isaak hatten laut den Texten des Alten Testamentes das Gesetz der Untadeligkeit vor dem Angesicht des HERRN
nicht beachtet, sodass der HERR des Alten Testamentes seinen Bund zwischen
sich und diese zwei Erzväter der Juden nicht setzen wollen konnte.
Doch mit dem vor seinem Angesicht untadeligen König Abimelech und dem
Volk der Philister konnte der HERR seinen Bund setzen (wollen).

Wie kann es aber sein, dass Jahrtausende später der nicht existente echte Bund Abram/Abrahams und Isaaks mit dem HERRN zu einem angeblichen Gottesbefehl umgedeutet und herangezogen wird, um sich des Landes Palästina zu bemächtigen?

Warum soll Jahrtausende später den jüdischen Nachfahren Abrahams das Land der Erben des Reiches der Philister gehören, obwohl laut Aussage der Texte des Alten Testamentes

- es ohne die Gnade des Königs der Philister heute gar keine Juden und kein Altes Testament geben würde
- weder Abram/ Abraham noch Isaak das Gesetz der Untadeligkeit vor dem Angesicht des HERRN beachteten, sodass der HERR des Alten Testamentes (einen Bund der Namensänderung des Erzvaters Abram zu Abraham und einen Bund der Beschneidung der männlichen Genitalien zwischen sich und Jene setzte,) seinen Bund mit Abram/ Abraham, sowie dessen Sohn Isaak nicht setzen wollen konnte
- sich aber stattdessen Abimelech, der König der Philister sowohl gegenüber Abraham, als auch gegenüber Isaak vor dem Angesicht des HERRN als untadelig erwies und somit der HERR seinen Bund zwischen sich und Abimelech, sowie die Philister setzen wollen konnte
- der beschlossene Bund des HERRN mit Abram dessen Namensänderung zu Abraham ist, dem er unter dem neuen Namen kein Land versprochen hat

und die Juden in Israel als angeblich „auserwähltes Volk Gottes" bis heute nicht nach Untadeligkeit vor dem Angesicht des HERRN streben, sondern völkerrechtswidrig und menschenrechtsverletzend das ehemalige Reich der Philister besetzen?

Wie kann laut Aussage des Staates Israel Jahrtausende später das Volk der Juden rechtmäßiger Erbe dieses Landes sein?
Auf welche Textstellen aus dem Alten Testament beruft sich der Staat Israel, um das Land Palästina seit Jahrzehnten völkerrechtswidrig in Besitz zu nehmen und die ursprünglichen Bewohner des Landes gewaltsam zu vertreiben?

Jakob- Israel

Isaak wurde alt und sein Sohn, der dritte Erzvater der Juden namens Jakob (auch Israel genannt) betrat nun die Bühne des Geschehens des Alten Testamentes.
Über ihn ist zu lesen:
Jakobs Betrug- Isaaks Segen
AT 1. Mose 27. 1- 40
Und es geschah, als Isaak alt geworden und seine Augen trübe waren, so daß er nicht mehr sehen konnte, da rief er seinen älteren Sohn Esau und sagte zu ihm: Mein Sohn! Und er sagte zu ihm: Hier bin ich! Und er sagte: Siehe doch, ich bin alt geworden, ich kenne nicht den Tag meines Todes. Und nimm doch dein (Jagd-)Gerät, deinen Köcher und deinen Bogen und gehe hin aufs Feld und erjage mir ein Wildbret; und bereite mir einen Leckerbissen, wie ich ihn liebe, und bring ihn mir her, daß ich esse und meine Seele dich segne, bevor ich sterbe! Rebekka aber hatte gehört, wie Isaak zu seinem Sohn Esau redete. Und Esau ging aufs Feld, um ein Wildbret zu erjagen, um es heimzubringen. Da sagte Rebekka zu ihrem Sohn Jakob: Siehe, ich habe deinen Vater zu deinem Bruder Esau so reden hören: Bring mir ein Wildbret und bereite mir einen Leckerbissen, dass ich esse und daß ich dich vor dem HERRN segne, bevor ich sterbe! Und nun, mein Sohn, höre auf meine Stimme in dem, was ich dir auftrage! Geh doch zur Herde, und hole mir von dort zwei gute Ziegenböckchen! Und ich will sie zu einem Leckerbissen für deinen Vater zubereiten, wie er es liebt. Dann sollst du es deinem Vater bringen, daß er ißt, damit er dich vor seinem Tod segnet. Da sagte Jakob zu Rebekka, seiner Mutter: Siehe, mein Bruder ist ein behaarter Mann, und ich bin ein glatter Mann. Vielleicht betastet mich mein Vater; dann wäre ich in seinen Augen wie einer, der Spott (mit ihm) treibt, und würde Fluch auf mich bringen und nicht Segen. Seine Mutter aber sagte zu ihm: Dein Fluch (komme) auf mich, mein Sohn! Höre nur auf meine Stimme und geh, hole mir! Und er ging und holte und brachte (sie) seiner Mutter. Und seine Mutter bereitete einen Leckerbissen, wie sein Vater es gern hatte. Dann nahm Rebekka die guten Kleider ihres älteren Sohnes Esau, die bei ihr im Haus waren, und zog sie ihrem jüngeren Sohn Jakob an. Die Felle der Ziegenböckchen aber zog sie über seine Hände und über die Glätte seines Halses, und sie gab den Leckerbissen und das Brot, das sie bereitet hatte, in die Hand ihres Sohnes Jakob.
So ging er zu seinem Vater hinein und sagte: Mein Vater! Und er sagte: Hier bin ich. Wer bist du, mein Sohn? Da sagte Jakob zu seinem Vater: Ich bin Esau, dein Erstgeborener; ich habe getan, wie du mir geredet hast. Richte dich doch auf, setze dich, und iß von meinem Wildbret, damit deine

Seele mich segnet! Isaak aber sagte zu seinem Sohn: Wie hast du es denn so schnell gefunden, mein Sohn? Er sagte: Weil der HERR, dein Gott, es mir begegnen ließ. Da sagte Isaak zu Jakob: Tritt doch heran, daß ich dich betaste, mein Sohn, ob du wirklich mein Sohn Esau bist oder nicht! Und Jakob trat zu seinem Vater heran; und er betastete ihn und sagte: Die Stimme ist Jakobs Stimme, aber die Hände sind Esaus Hände. Und er erkannte ihn nicht, weil seine Hände behaart waren wie die Hände seines Bruders Esau. Da segnete er ihn. Und er sagte: Bist Du wirklich mein Sohn Esau? Er aber sagte: Ich bin`s. Da sagte er: Reiche es mir her! Ich will von dem Wildbret meines Sohnes essen, damit meine Seele dich segnet. Und er reichte es ihm hin, so daß er aß. Auch brachte er ihm Wein, und er trank. Dann sagte sein Vater Isaak zu ihm: Tritt doch heran und küß mich, mein Sohn! Da trat er heran und küßte ihn. Und als er den Geruch seiner Kleider roch, da segnete er ihn und sprach: Siehe, der Geruch meines Sohnes ist wie der Geruch eines Feldes, das der Herr gesegnet hat.
So gebe dir Gott vom Tau des Himmels und vom Fett der Erde und vom Korn und Most die Fülle!
Völker sollen dir dienen und Völkerschaften sich vor dir niederbeugen! Sei Herr über deine Brüder, und vor dir sollen sich niederbeugen die Söhne deiner Mutter! Die dir fluchen, seien verflucht, und die dich segnen, seien gesegnet! Und es geschah, sobald Isaak geendet hatte, Jakob zu segnen, ja, es geschah, als Jakob gerade eben von seinem Vater Isaak hinausgegangen war, da kam sein Bruder Esau von seiner Jagd. Und auch *er* bereitete einen Leckerbissen, brachte ihn zu seinem Vater und sagte zu seinem Vater: Mein Vater richte sich auf und esse von dem Wildbret seines Sohnes, damit deine Seele mich segne! Da sagte sein Vater Isaak zu ihm: Wer bist du? Er sagte: Ich bin dein erstgeborener Sohn Esau. Da erschrak Isaak mit großem Schrecken über alle Maßen und sagte: Wer war denn der, der ein Wildbret erjagt und mir gebracht hat, daß ich von allem gegessen habe, bevor du kamst und ich ihn gesegnet habe? Er wird auch gesegnet bleiben. Als Esau die Worte seines Vaters hörte, da schrie er mit lautem und erbittertem Geschrei über alle Maßen und sagte zu seinem Vater: Segne mich, auch mich, mein Vater! Er aber sagte: Dein Bruder ist mit Betrug gekommen und hat deinen Segen weggenommen. Da sagte er: Heißt er darum Jakob, weil er mich nun (schon) zweimal betrogen hat? Mein Erstgeburtsrecht hat er genommen, und siehe, jetzt hat er (auch) meinen Segen genommen! Und er sagte: Hast du mir keinen Segen aufbehalten? Da antwortete Isaak und sagte zu Esau: Siehe, ich habe ihn zum Herrn über dich gesetzt und alle seine Brüder ihm zu Knechten gegeben, und mit Korn und mit Most habe ich ihn versehen, und nun, was kann ich (da noch) für *dich* tun, mein Sohn?
Da sagte Esau zu seinem Vater: Hast du (nur diesen) *einen* Segen, mein Vater? Segne mich, auch mich, mein Vater! Und Esau erhob seine Stimme und weinte. Da antwortetet sein Vater Isaak und sagte zu ihm: Siehe, fern

vom Fett der Erde wird dein Wohnsitz sein und fern vom Tau des Himmels oben.
Von deinem Schwert wirst du leben, und deinem Bruder wirst du dienen. Doch wird es geschehen, wenn du dich losmachst, wirst du sein Joch von deinem Hals wegreißen.

Aus diesem Text geht eindeutig hervor, dass auch der dritte Erzvater der Juden namens Jakob kein Interesse daran hatte, einen Bund mit dem HERRN setzen zu wollen, der: **Ich bin Gott, der Allmächtige. Lebe vor meinem Angesicht und sei untadelig! Und ich will meinen Bund zwischen mir und dir setzen und will dich sehr, sehr mehren** lautete.

Die drei Erzväter der Juden namens Abraham, Isaak und Jakob, deren Gott sich: **Lebe vor meinem Angesicht und sei untadelig** von Jenen erbeten hatte, um seinen Bund zwischen sich und die Hebräer setzen zu wollen, waren es alle nicht.

So hat laut Aussage der Texte des Alten Testamentes keiner der Erzväter der Hebräer einen Bund mit dem HERRN setzen wollen, sodass auch der HERR seinen Bund mit Abraham, Isaak und Jakob nicht setzen wollen konnte.

Demzufolge kann sich laut den Aussagen der Texte des Alten Testamentes über die Erzväter der Juden kein Bund zwischen dem Volk Israel, dem HERRN und dem Land Palästina ergeben.

Deshalb prophezeite Jesus den Juden:
NT Math. 8.11- 12
Ich sage euch aber, daß viele von Osten und Westen kommen und mit Abraham und Isaak und Jakob zu Tisch liegen werden in dem Reich der Himmel, aber die Söhne des Reiches werden hinausgeworfen werden in die äußere Finsternis: da wird das Weinen und das Zähneknirschen sein.

Mose

Nach den Erzvätern der Juden tritt im weiteren Verlauf der Texte des Alten Testamentes der Prophet Mose in Erscheinung, der laut Meinung einiger Religionswissenschaftler auch der erste Autor des Alten Testamentes gewesen sein soll. Laut den Büchern Mose hatte sich damals folgende Geschichte zugetragen:

AT 2. Mose 1. 8- 14

Da trat ein neuer König (die Herrschaft) über Ägypten an, der Josef nicht (mehr) kannte. Der sagte zu seinem Volk: Siehe, das Volk der Söhne Israel ist zahlreicher und stärker als wir. Auf, laßt uns klug gegen es vorgehen, damit es sich nicht noch weiter vermehrt! Sonst könnte es geschehen, wenn Krieg ausbricht, daß es sich auch (noch) zu unseren Feinden schlägt und gegen uns kämpft und (dann) aus dem Land hinaufzieht.

Daher setzten sie Arbeitsaufseher über es, um es mit ihren Lastarbeiten zu drücken. Und es baute für den Pharao Vorratsstädte: Pitom und Ramses. Aber je mehr sie es bedrückten, desto mehr nahm es zu; und so breitete es sich aus, so daß sie ein Grauen erfaßte vor den Söhnen Israel. Da zwangen die Ägypter die Söhne Israel mit Gewalt zur Arbeit und machten ihnen das Leben bitter durch harte Arbeit an Lehm und an Ziegeln, und durch allerlei Arbeit auf dem Feld, mit all ihrer Arbeit, zu der sie sie mit Gewalt zwangen.

Weiter heißt es:

AT 2. Mose 1. 15- 17

Und der König von Ägypten sprach zu den hebräischen Hebammen, von denen die eine Schifra und die andere Pua hieß und sagte: Wenn ihr den Hebräerinnen bei der Geburt helft und bei der Entbindung seht, daß es ein Junge ist, dann tötet ihn, wenn es aber eine Tochter ist, dann mag sie am Leben bleiben.

Aber weil die Hebammen Gott fürchteten, taten sie nicht, wie ihnen der König von Ägypten gesagt hatte, sondern ließen die Jungen am Leben.

Wenn die Israeliten wahrhaft so zahlreich, die Söhne Israel sogar zahlreicher als die Ägypter waren, sodass Jene ein Grauen erfasste, ist es sehr erstaunlich, dass es nur zwei hebräische Hebammen für alle Israeliten gab.

AT 2. Mose 2. 1- 10

Und ein Mann vom Haus Levi ging hin und nahm eine Tochter Levi (zur Frau). Und die Frau wurde schwanger und gebar einen Sohn. Als sie sah, daß er schön war, verbarg sie ihn drei Monate (lang). Und als sie ihn nicht länger verbergen konnte, nahm sie für ihn ein Kästchen aus Schilfrohr und verklebte es mit Asphalt und Pech, legte das Kind hinein und setzte es in das Schilf am Ufer des Nil. Seine Schwester aber stellte sich in (eini-

ger) Entfernung hin, um zu erfahren, was mit ihm geschehen würde. Und die Tochter des Pharao ging hinab, um am Nil zu baden, während ihre Dienerinnen am Ufer des Nil hin und her gingen. Und sie sah das Kästchen mitten im Schilf und sandte ihre Magd hin und ließ es holen. Und als sie es geöffnet hatte, sah sie das Kind, und siehe, ein weinender Junge (lag darin). Da hatte sie Mitleid mit ihm und sagte: Das ist (eins) von den Kindern der Hebräer. Und seine Schwester sagte zur Tochter des Pharao: Soll ich hingehen und dir eine stillende Frau von den Hebräerinnen herbeirufen, damit sie das Kind für dich stillt? Die Tochter des Pharao antwortete ihr: Geh hin! Da ging das Mädchen hin und rief die Mutter des Kindes herbei. Und die Tochter des Pharao sagte zu ihr: Nimm dieses Kind mit und stille es für mich, dann werde ich (dir) deinen Lohn geben!

Da nahm die Frau das Kind und stillte es. Als aber das Kind groß geworden war, brachte sie es der Tochter des Pharao, und es wurde ihr zum Sohn. Und sie gab ihm den Namen Mose, indem sie sagte: Ich habe ihn ja aus dem Wasser gezogen.

AT 2. Mose 2. 11- 15

Und es geschah in jenen Tagen, als Mose groß geworden war, da ging er zu seinen Brüdern hinaus und sah bei ihren Lastarbeiten zu.

Da sah er, wie ein ägyptischer Mann einen hebräischen Mann, (einen) von seinen Brüdern, schlug. Und er wandte sich hierhin und dorthin, und als er sah, daß niemand (in der Nähe) war, erschlug er den Ägypter und verscharrte ihn im Sand. Als er aber am Tag darauf wieder hinausging, siehe, da rauften sich zwei hebräische Männer, und er sagte zu dem Schuldigen: Warum schlägst du deinen Nächsten?

Der aber antwortete: Wer hat dich zum Aufseher und Richter über uns gesetzt? Gedenkst du etwa, mich umzubringen, wie du den Ägypter umgebracht hast?

Da fürchtete sich Mose und sagte sich: Also ist die Sache doch bekannt geworden! Und der Pharao hörte diese Sache und suchte, Mose umzubringen. Mose aber floh vor dem Pharao und hielt sich im Land Midian auf.

Warum hat Mose als Ziehsohn der Pharaonentochter keine diplomatischen Mittel gewählt, um für seine Brüder, die Hebräer, etwas zu tun?

Wenn Mose am Pharaonenhof groß geworden war und die Tochter Pharaos ihn als ihren Sohn aufgenommen und aufgezogen hatte, wäre es für Mose ein Leichtes gewesen, den Pharaonenhof anzuhalten, seinen Umgang mit den Hebräern zu überdenken.

Doch es ist nichts davon bekannt, dass Mose ein Gespräch mit seinem Stief-Großvater Pharao angestrebt hatte, um etwas für das hebräische Volk zu tun.

Stattdessen zog es Mose laut den Büchern Mose vor, vollkommen brutal, sinnlos und hinterlistig einen Ägypter zu erschlagen.

Jedenfalls fragte ihn ausgerechnet ein Hebräer in diesem Text:

Wer hat dich zum Aufseher und Richter über uns gesetzt? Gedenkst du etwa, mich umzubringen, wie du den Ägypter umgebracht hast?
Weiter steht geschrieben:
AT 2. Mose 2. 23- 25
Und es geschah während jener vielen Tage, da starb der König von Ägypten. Und die Söhne Israel seufzten wegen (ihrer) Arbeit und schrien um Hilfe. Und ihr Geschrei wegen der Arbeit stieg auf zu Gott. Da hörte Gott ihr Ächzen, und Gott dachte an seinen Bund mit Abraham, Isaak und Jakob. Und Gott sah nach den Söhnen Israel, und Gott kümmerte sich um sie.
An welchen Bund dachte der Gott, der in dieser Textstelle des Alten Testamentes erwähnt wird?
An den Bund der Namensänderung deren Erzvaters von Abram zu Abraham oder an den Bund der Beschneidung?

AT 2. Mose 3. 1- 9
Mose aber weidete die Herde Jitros, seines Schwiegervaters, des Priesters von Midian. Und er trieb die Herde über die Wüste hinaus und kam an den Berg Gottes, den Horeb. Da erschien ihm der Engel des HERRN in einer Feuerflamme mitten aus dem Dornbusch. Und er sah (hin), und siehe, der Dornbusch brannte im Feuer, und der Dornbusch wurde nicht verzehrt. Und Mose sagte (sich): Ich will doch hinzutreten und dieses große Gesicht sehen, warum der Dornbusch nicht verbrennt.
Als aber der HERR sah, daß er herzutrat, um zu sehen, da rief ihm Gott mitten aus dem Dornbusch zu und sprach: Mose! Mose! Er antwortete: Hier bin ich. Und er sprach: Tritt nicht näher heran! Zieh deine Sandalen von deinen Füßen, denn die Stätte, auf der du stehst, ist heiliger Boden! Dann sprach er: Ich bin der Gott deines Vaters, der Gott Abrahams, der Gott Isaaks und der Gott Jakobs. Da verhüllte Mose sein Gesicht, denn er fürchtete sich, Gott anzuschauen. Der HERR aber sprach: Gesehen habe ich das Elend meines Volkes in Ägypten, und sein Geschrei wegen seiner Antreiber habe ich gehört; ja, ich kenne seine Schmerzen. Und ich bin herabgekommen, um es aus der Gewalt der Ägypter zu erretten und aus diesem Land hinaufzuführen in ein gutes und geräumiges Land, in ein Land, das von Milch und Honig überfließt, an den Ort der Kanaaniter, Hetiter, Amoriter, Perisiter, Hewiter und Jebusiter. Und nun, siehe, das Geschrei der Söhne Israel ist vor mich gekommen, und ich habe auch die Bedrängnis gesehen, mit der die Ägypter sie quälen.
AT 2. Mose 3. 21- 22
Und ich werde diesem Volk Gunst geben in den Augen der Ägypter, und es wird geschehen, wenn ihr (aus)zieht, sollt ihr nicht mit leeren Händen (aus)ziehen: (Jede) Frau soll von ihrer Nachbarin und von ihrer Hausgenossin silberne Schmuckstücke und goldene Schmuckstücke und Klei-

dung fordern. Die sollt ihr euren Söhnen und Töchtern anlegen und so die Ägypter ausplündern!

AT 2. Mose 6. 2- 3
Und Gott redete zu Mose und sprach zu ihm: Ich bin Jahwe. Ich bin Abraham, Isaak und Jakob erschienen als Gott, der Allmächtige; aber mit meinem Namen Jahwe habe ich mich ihnen nicht zu erkennen gegeben.
AT 2. Mose 7. 1- 7
Und der HERR sprach zu Mose: Siehe, ich habe dich für den Pharao zum Gott eingesetzt, und dein Bruder Aaron soll dein Prophet sein. Du sollst alles reden, was ich dir befehlen werde, und dein Bruder Aaron soll zum Pharao reden, daß er die Söhne Israel aus seinem Land ziehen lassen soll. Ich aber will das Herz des Pharao verhärten und meine Zeichen und Wunder im Land Ägypten zahlreich machen. Und der Pharao wird nicht auf euch hören. Dann werde ich meine Hand an Ägypten legen und meine Heerscharen, mein Volk, die Söhne Israel, durch große Gerichte aus dem Land Ägypten herausführen. Und die Ägypter sollen erkennen, daß ich der HERR bin, wenn ich meine Hand über Ägypten ausstrecke und die Söhne Israel aus ihrer Mitte herausführe. Da handelten Mose und Aaron, wie ihnen der HERR befohlen hatte, so handelten sie. Mose aber war 80 Jahre alt und Aaron 83 Jahre, als sie zum Pharao redeten.

Es traten also Mose und Aaron vor den neuen König Ägyptens und boten ihm an, alle Hebräer auf einmal loswerden zu können, deren große Anzahl offenbar auch diesem Pharao große Sorgen bereitete, sodass er sie mit schwerer Arbeit zu drücken suchte.
Was aber hätte dem neuen König Ägyptens Besseres passieren können, als dass die Hebräer aus dem Land ausziehen würden?
Laut den Texten des Alten Testamentes waren seinem Vorgänger und dem Land Ägypt die Israeliten viel zu viele gewesen, sodass der König sie mit Lastarbeiten drücken ließ, um ihre weitere Vermehrung zu verhindern und hatte sogar deren neugeborene Jungen ermorden lassen wollen.
Doch jetzt, da die spektakuläre Ideallösung für Ägypten geradezu vom Himmel fiel, sodass die Hebräer, statt hinaufziehen, herausziehen würden, befiel den Pharao anstatt einem Freudeschrei eine akute Herzverhärtung, hervorgerufen durch den israelitischen HERRN, der sich Mose mit seinem Namen Jahwe zu erkennen gab. Laut dem Alten Testament hatte Pharao daraufhin nichts Besseres zu tun, als sich mit Mose anzulegen, um zu verhindern, die Hebräer loszuwerden, die Ägypten laut Aussage der Texte der Bücher Mose gar nicht haben wollte und riskierte obendrein deshalb alles:
Erste Plage: Wasser wird zu Blut
Zweite Plage: Frösche
Dritte Plage: Mücken
Vierte Plage: Stechfliegen

Fünfte Plage: Viehpest
Sechste Plage: Geschwüre
Siebte Plage: Hagel
Achte Plage: Heuschrecken
Neunte Plage: Finsternis

Nach der Herzverhärtung, hervorgerufen durch den israelitischen HERRN und dem Ausbruch der ersten Plagen ist anzunehmen, dass sowohl die Priester, als auch seine Berater den König auf jeden Fall darauf aufmerksam gemacht hätten, an akuter Dummheit erkrankt zu sein, die Israeliten nicht ziehen lassen zu wollen, die dem Land sowieso viel zu viele und ein Grauen waren.

Doch Pharao büßte stattdessen laut Aussage der Texte des Alten Testamentes aufgrund der Herzverhärtung durch den israelitischen HERRN noch große Teile seines Heeres ein, bis der von Mose angestrebte Auszug der Israeliten endlich gelang. Aber nicht alle Hebräer waren damit zufrieden.

AT 2. Mose 16. 2- 4

Da murrte die ganze Gemeinde der Söhne Israel gegen Mose und Aaron in der Wüste. Und die Söhne Israel sagten zu Ihnen: Wären wir doch durch die Hand des HERRN im Land Ägypten gestorben, als wir bei den Fleischtöpfen saßen, als wir Brot aßen bis zur Sättigung! Denn ihr habt uns in diese Wüste herausgeführt, um diese ganze Versammlung an Hunger sterben zu lassen. Da sprach der HERR zu Mose:
Siehe, ich will euch Brot vom Himmel regnen lassen.

AT 2. Mose 19. 1- 6

Im dritten Monat nach dem Auszug der Söhne Israel aus dem Land Ägypten, an eben diesem Tag kamen sie in die Wüste Sinai. Sie brachen auf von Refidim und kamen in die Wüste Sinai und lagerten sich in der Wüste; und Israel lagerte sich dort dem Berg gegenüber. Mose aber stieg hinauf zu Gott. Und der HERR rief ihm vom Berg aus zu: So sollst du zum Haus Jakob sagen und den Söhnen Israel mitteilen: Ihr habt gesehen, was ich den Ägyptern angetan und (wie) ich euch auf Adlerflügeln getragen und euch zu mir gebracht habe. Und nun, wenn ihr willig auf meine Stimme hören und meinen Bund halten werdet, dann sollt ihr aus allen Völkern mein Eigentum sein, denn mir gehört die ganze Erde. Und ihr sollt mir ein Königreich von Priestern und eine heilige Nation sein. Das sind die Worte, die du zu den Söhnen Israel reden sollst.

Die Zehn Gebote

AT 2. Mose 20. 1- 21
Und Gott redete alle diese Worte und sprach: Ich bin der HERR, dein Gott, der ich dich aus dem Land Ägypten, aus dem Sklavenhaus herausgeführt habe.

Du sollst keine anderen Götter haben neben mir.

Du sollst Dir kein Götterbild machen, auch keinerlei Abbild dessen, was oben im Himmel oder was unten auf der Erde oder was in den Wassern unter der Erde ist. Du sollst Dich vor ihnen nicht niederwerfen und ihnen nicht dienen. Denn ich, der HERR, dein Gott, bin ein eifersüchtiger Gott, der die Schuld der Väter heimsucht an den Kindern, an der dritten und vierten (Generation) von denen, die mich hassen, der aber Gnade erweist an Tausenden (von Generationen) von denen, die mich lieben und meine Gebote halten.

Du sollst den Namen des Herrn, Deines Gottes, nicht zu Nichtigem aussprechen, denn der HERR wird den nicht ungestraft lassen, der seinen Namen zu Nichtigem ausspricht.

Denke an den Sabbattag, um ihn heilig zu halten. Sechs Tage sollst du arbeiten und all deine Arbeit tun, aber der siebte Tag ist Sabbat für den HERRN, deinen Gott. Du sollst (an ihm) keinerlei Arbeit tun, du und dein Sohn und deine Tochter, dein Knecht und deine Magd und dein Vieh und der Fremde bei dir, der innerhalb deiner Tore (wohnt). Denn in sechs Tagen hat der HERR den Himmel und die Erde gemacht, das Meer und alles, was in ihnen ist, und er ruhte am siebten Tag: darum segnete der HERR den Sabbattag und heiligte ihn.

Ehre Deinen Vater und Deine Mutter, damit deine Tage lange währen in dem Land, das der HERR, dein Gott dir gibt.

Du sollst nicht töten.

Du sollst nicht ehebrechen.

Du sollst nicht stehlen.

Du sollst gegen deinen Nächsten nicht als falscher Zeuge aussagen.

Du sollst nicht das Haus Deines Nächsten begehren. Und Du sollst nicht begehren die Frau deines Nächsten, noch seinen Knecht, noch seine Magd, weder sein Rind noch seinen Esel, noch irgend etwas, was Deinem Nächsten (gehört).

Und das ganze Volk nahm den Donner wahr, die Flammen, den Hörnerschall und den rauchenden Berg. Als nun das Volk (das) wahrnahm, zitterten sie, blieben von ferne stehen und sagten zu Mose: Rede *du* mit uns, dann wollen wir hören! Aber Gott soll nicht mit uns reden, damit wir nicht sterben.

Da sagte Mose zum Volk: Fürchtet euch nicht! Denn (nur) um euch zu prüfen, ist Gott gekommen, und damit die Furcht vor ihm euch vor Augen sei, damit ihr nicht sündigt. So blieb denn das Volk von ferne stehen. Mose aber näherte sich dem Dunkel, wo Gott war.

Mose näherte sich also **dem Dunkel, wo Gott war,** um von ihm noch die Vorschrift für den Altar zu erhalten.

Doch direkt danach geht es im Text des Alten Testamentes weiter mit
AT 2. Mose 21. 1- 11
Verordnungen zum Schutz der Sklaven
Und dies sind die Rechtsbestimmungen, die du ihnen vorlegen sollst:
Wenn du einen hebräischen Sklaven kaufst, soll er sechs Jahre dienen, im siebten aber soll er umsonst frei ausziehen. Falls er allein gekommen ist, soll er (auch) allein ausziehen. Falls er Ehemann einer Frau war, soll seine Ehefrau mit ihm ausziehen. Falls ihm sein Herr eine Frau gegeben und sie ihm Söhne und Töchter geboren hat, sollen die Frau und ihre Kinder dem Herrn gehören, und *er* soll allein ausziehen. Falls aber der Sklave sagt: Ich liebe meinen Herrn, meine Frau und meine Kinder, ich will nicht als Freier ausziehen!, so soll ihn sein Herr vor Gott bringen und ihn an die Tür oder an den Türpfosten stellen, und sein Herr soll ihm das Ohr mit einem Pfriem durchbohren; dann soll er ihm für ewig dienen.
Wenn jedoch jemand seine Tochter als Sklavin verkauft, soll sie nicht aus-ziehen, wie die Sklaven ausziehen. Falls sie ihrem Herrn mißfällt, der sie für sich vorgesehen hatte, lasse er sie loskaufen: er soll nicht Macht haben, sie an einen Ausländer zu verkaufen, indem er sie treulos entläßt.
Und falls er sie seinem Sohn bestimmt, soll er nach dem Töchterrecht an ihr handeln. Falls er sich (noch) eine andere nimmt, soll er ihre Nahrung, ihre Kleidung und den ehelichen Verkehr mit ihr nicht verkürzen. Falls er aber diese drei Dinge nicht an ihr tut, soll sie umsonst ausziehen, ohne Geld.

Im **AT 2. Mose 20. 1** hieß es noch: **Ich bin der HERR, dein Gott, der ich dich aus dem Land Ägypten, aus dem Sklavenhaus herausgeführt habe.**
Wie kann es nun sein, dass Mose direkt danach Verordnungen für den Kauf hebräischer Sklaven, sowie für hebräische Familien aufstellte, die ihre eigenen Töchter als Sklavinnen verkaufen?
Wie kann der Satz der Verordnung für hebräische Sklavinnen:
Falls er sich (noch) eine andere nimmt........................ mit dem Gebot:
Du sollst nicht ehebrechen vereinbar sein?
Sofort weiter geht es im Text des Alten Testamentes mit
AT 2. Mose 21. 12- 25
Verordnungen zum Schutz von Leib und Leben
Wer einen Menschen (so) schlägt, daß er stirbt, muß getötet werden. Hat er ihm aber nicht nachgestellt, sondern Gott hat es seiner Hand widerfah-ren lassen, dann werde ich dir einen Ort bestimmen, wohin er fliehen soll.
Doch wenn Jemand an seinem Nächsten vermessen handelt, indem er ihn hinterlistig umbringt – von meinem Altar sollst du ihn wegnehmen, damit er stirbt.
Wer seinen Vater oder seine Mutter schlägt, muß getötet werden.
Wer einen Menschen raubt, sei es, daß er ihn verkauft, sei es, daß er in seiner Gewalt gefunden wird, (der) muß getötet werden.

Wer seinem Vater oder seiner Mutter flucht, muß getötet werden.

Wenn Männer (miteinander) streiten und einer den anderen mit einem Stein oder mit einer Hacke schlägt, so daß er (zwar) nicht stirbt, aber bettlägerig wird: falls er aufsteht und draußen an seinem Stab umhergeht, soll der Schläger straffrei bleiben. Nur muß er ihn für (die Zeit) seines Daheimsitzens entschädigen und für seine völlige Heilung sorgen.

Wenn jemand seinen Sklaven oder seine Sklavin mit dem Stock schlägt, so daß er ihm unter der Hand stirbt, muß er gerächt werden. Nur falls er einen Tag oder zwei Tage (am Leben) bleibt, soll er nicht gerächt werden, denn er ist sein Geld.

Wenn Männer sich raufen und (dabei) eine schwangere Frau stoßen, so daß ihr die Leibesfrucht abgeht, aber kein (weiterer) Schaden entsteht, so muß dem Schuldigen eine Geldbuße auferlegt werden, je nachdem, (wieviel) ihm der (Ehe)herr der Frau auferlegt, und er soll nach dem Ermessen von Schiedsrichtern geben. Falls aber ein (weiterer) Schaden entsteht, so sollst du geben Leben um Leben, Auge um Auge, Zahn um Zahn, Hand um Hand, Fuß um Fuß, Brandmal um Brandmal, Wunde um Wunde, Strieme um Strieme.

Und so geht es weiter und weiter in den Texten der Bücher Mose mit Verordnungen, die den 10 Geboten, die Mose laut Aussage des Alten Testamentes am Berg Horeb von seinem HERRN empfangen hatte, ganz offensichtlich und im Besonderen dem Gebot: **Du sollst nicht töten** fortwährend widersprechen.

Diese Tatsache lässt den Propheten Mose, dessen Gott sich ihm unter dem Namen Jahwe zu erkennen gab, beim Lesen der Texte des Alten Testamentes seltsam bedenklich erscheinen.

Denn Mose legt, (wie in seinen jungen Jahren) beim Morden zwischenzeitlich nicht mehr selbst Hand an, sondern ruft zum Töten auf, was die Sachlage aber keinesfalls besser macht.

Wer ist es gewesen, der zu Mose sagte:
Und dies sind die Rechtsbestimmungen, die du ihnen vorlegen sollst?

Kann dies wahrhaft der HERR und Gott gewesen sein, der sich Mose unter dem Namen Jahwe zu erkennen gab und seinen eigenen zehn Geboten, die er Mose am Berg Sinai offenbarte, nun selbst widerspricht?

Kann Mose all diese Verordnungen wirklich vom HERRN empfangen haben, der mit diesen seine eigenen 10 Gebote untergraben würde?

Und können die 10 Gebote Mose wahrhaft Gebote Gottes sein, wenn schon Mose als deren Prophet ihnen keinerlei Bedeutung beimisst?

Der Text des Alten Testamentes über Mose lässt keine andere Schlussfolgerung zu, als dass Mose die Stimme des HERRN gar nicht wirklich hören konnte oder absichtlich gegen dessen Stimme verstieß.

Richtet Gott Jahwe den Propheten Mose mit der Verordnung:

Doch wenn Jemand an seinem Nächsten vermessen handelt, indem er ihn hinterlistig umbringt – von meinem Altar sollst du ihn wegnehmen, damit er stirbt?

Steht doch in **AT 2. Mose 2. 11- 12** über ihn geschrieben:

Und es geschah in jenen Tagen, als Mose groß geworden war, da ging er zu seinen Brüdern hinaus und sah bei ihren Lastarbeiten zu. Da sah er, wie ein ägyptischer Mann einen hebräischen Mann, (einen) von seinen Brüdern, schlug. Und er wandte sich hierhin und dorthin, und als er sah, daß niemand (in der Nähe) war, erschlug er den Ägypter und verscharrte ihn im Sand.

Mose prophezeite:

AT 5. Mose 18. 15- 22

Ankündigung des rechten Propheten

Einen Propheten wie mich wird dir der HERR, dein Gott, aus deiner Mitte, aus deinen Brüdern, erstehen lassen. Auf ihn sollt ihr hören nach allem, was du vom HERRN, deinem Gott, am Horeb erbeten hast am Tag der Versammlung, indem du sagtest: Ich möchte die Stimme des HERRN, meines Gottes, nicht länger hören, und dieses große Feuer möchte ich nicht mehr sehen, damit ich nicht sterbe! Da sprach der HERR zu mir: Sie haben recht getan (mit dem), was sie geredet haben. Einen Propheten wie dich will ich ihnen aus der Mitte ihrer Brüder erstehen lassen. Ich will meine Worte in seinen Mund legen, und er wird zu ihnen alles reden, was ich ihm befehlen werde. Und es wird geschehen, der Mann, der nicht auf meine Worte hört, die er in meinem Namen reden wird, von dem werde ich Rechenschaft fordern. - Doch der Prophet, der sich vermessen sollte, in meinem Namen ein Wort zu reden, das ich ihm nicht befohlen habe, zu reden, oder der im Namen anderer Götter reden wird: dieser Prophet muß sterben. Und wenn du in deinem Herzen sagst. >> Wie sollen wir das Wort erkennen, das nicht der HERR geredet hat? <<, wenn der Prophet im Namen des HERRN redet, und das Wort geschieht nicht und trifft nicht ein, so ist das das Wort, das nicht der HERR geredet hat.

In Vermessenheit hat der Prophet es geredet; du brauchst dich nicht vor ihm zu fürchten.

Egal, was in den Büchern Mose über den rechten Propheten geschrieben steht: Kann Mose selbst ein rechter Prophet gewesen sein?

Denn auch nach der Ankündigung des rechten Propheten konnte Mose es nicht lassen, weitere Verordnungen zu verkünden:

AT 5. Mose 21. 15- 17

Wenn ein Mann zwei Frauen hat, eine geliebte und eine gehaßte, und sie gebären ihm Söhne, die geliebte und die gehaßte, und der erstgeborene Sohn ist von der gehaßten: dann soll es geschehen an dem Tag, an dem er seine Söhne erben läßt, was ihm gehört, daß er nicht den Sohn der gelieb-

ten zum Erstgeborenen machen kann gegen den Sohn der gehaßten, (der doch) der Erstgeborene (ist).

Vielmehr soll er den Erstgeborenen, den Sohn der gehaßten, anerkennen, daß er ihm zwei Teile von allem gibt, was sich bei ihm findet. Denn er ist der Erstling seiner Kraft, ihm gehört das Recht der Erstgeburt.

Warum stellt Mose Verordnungen dieser Art auf, wenn doch das Gebot: **Du sollst nicht ehebrechen** gilt und ein Mann laut den 10 Geboten gar keine zwei Frauen haben darf? Ist somit nicht zwingend logisch, dass dem Erstgeborenen von der ersten Frau, egal wie geliebt oder gehasst, sein normaler Anteil zusteht, da es die zweite Frau und den zweiten Sohn laut den 10 Geboten gar nicht hätte geben dürfen?

Direkt danach heißt es:

AT 5. Mose 21. 18- 21

Wenn ein Mann einen störrischen und widerspenstigen Sohn hat, der auf die Stimme seines Vaters und auf die Stimme seiner Mutter nicht hört, und sie züchtigen ihn, er aber hört (weiterhin) nicht auf sie, dann sollen sein Vater und seine Mutter ihn ergreifen und ihn hinausführen zu den Ältesten seiner Stadt und zum Tor seines Ortes. Und sie sollen zu den Ältesten seiner Stadt sagen: Dieser unser Sohn ist störrisch und widerspenstig, er hört nicht auf unsere Stimme, er ist ein Schlemmer und Säufer! Dann sollen ihn alle Leute seiner Stadt steinigen, daß er stirbt; so sollst du das Böse aus deiner Mitte wegschaffen. Und ganz Israel soll es hören und sich fürchten.

Für die Verletzung des Gebotes: **Ehre Deinen Vater und Deine Mutter** wird von Mose diesem Text zufolge die Todesstrafe verhängt. Wie ist dies mit dem Gebot: **Du sollst nicht töten** vereinbar?

Damit wird ganz gewiss nichts Böses aus der Mitte weggeschafft, sondern Alle werden böse.

Mose stellt weit mehr als einmal unter Beweis, dass er viele Worte geredet hat, die den Geboten des HERRN, die er am Horeb empfangen hatte, zuwiderlaufen und die dieser ihm nicht befohlen hatte, zu reden, es sei denn, der HERR wäre sich selbst untreu.

Muss deshalb aufgrund der Texte des Alten Testamentes für Mose gelten:

AT 5. Mose 18. 19- 20

Und es wird geschehen, der Mann, der nicht auf meine Worte hört, die er in meinem Namen hören wird, von dem werde ich Rechenschaft fordern. Doch der Prophet, der sich vermessen sollte, in meinem Namen ein Wort zu reden, das ich ihm nicht befohlen habe, zu reden, oder der im Namen anderer Götter reden wird: dieser Prophet muß sterben.?

Sieht es außerdem nicht ganz danach aus, als hätte Mose mit dem Gebot seines Gottes:
Du sollst Dir kein Götterbild machen, irgendein Abbild dessen, was oben im Himmel oder was unten auf der Erde oder was in den Wassern unter der Erde ist.
die Menschenwelt hinters Licht geführt?
Denn direkt nach dem Erhalt der 10 Gebote steht geschrieben:
Mose aber näherte sich dem Dunkel, wo Gott war.

Doch Mose hatte für den vom HERRN gewollten König der Hebräer außer den zehn Geboten noch ein Gesetz hinterlassen, an das sich dieser zu halten hatte:
AT 5. Mose 17. 14- 20
Gesetz wegen des Königs
Wenn Du in das Land kommst, das der HERR, dein Gott, dir gibt, und es in Besitz genommen hast und darin wohnst und sagst: >>Ich will einen König über mich setzen, wie alle Nationen, die rings um mich her sind!<<, dann sollst du nur den König über dich setzen, den der HERR, dein Gott, erwählen wird. Aus der Mitte deiner Brüder sollst du einen König über dich setzen. Du sollst nicht einen Ausländer über dich setzen, der nicht dein Bruder ist. Nur soll er sich nicht viele Pferde anschaffen, und (er) soll das Volk nicht nach Ägypten zurückführen, um sich noch mehr Pferde anzuschaffen, denn der HERR hat euch gesagt: Ihr sollt nie wieder auf diesem Weg zurückkehren. Und er soll sich nicht viele Frauen anschaffen, damit sein Herz sich nicht (von Gott) abwendet.
Auch Silber und Gold soll er sich nicht übermäßig anschaffen. Und es soll geschehen, wenn er auf dem Thron seines Königreiches sitzt, dann soll er sich eine Abschrift dieses Gesetzes in ein Buch schreiben, aus (dem Buch, das) den Priestern, den Leviten, vor(liegt). Und sie soll bei ihm sein, und er soll alle Tage seines Lebens darin lesen, damit er den HERRN, seinen Gott fürchten lernt, um alle Worte dieses Gesetzes und diese Ordnungen zu bewahren, sie zu tun, damit sein Herz sich nicht über seine Brüder erhebt und er von dem Gebot weder zur Rechten noch zur Linken abweicht, damit er die Tage in seiner Königsherrschaft verlängert, er und seine Söhne, in der Mitte Israels.

David

Laut dem Alten Testament gelang es einem Hebräer namens David circa 250 Jahre nach Mose, das „gelobte Land" des Alten Testamentes zu erobern, um bald darauf König zu werden.

David erwies sich von Beginn an als großer Kriegsherr, der viele Menschen ermordete und so ist im Alten Testament über ihn und seinen Vorgänger auf dem Thron „Israels" unter Anderem zu lesen:

Aus **AT 1. Samuel 18. 17**

Und Saul sagte zu David: Siehe, meine älteste Tochter Merab will ich dir zur Frau geben. Sei mir nur ein tapferer Mann und führe die Kriege des HERRN!

Aus **AT 1. Samuel 18. 25**

Da sagte Saul: So sollt ihr zu David sagen: Der König fordert keine andere Heiratsgabe als hundert Vorhäute der Philister, um an den Feinden des Königs Vergeltung zu üben.

Aus **AT 1. Samuel 18. 27**

da machte sich David auf und zog hin, er und seine Männer, und erschlug zweihundert Mann unter den Philistern. Und David brachte ihre Vorhäute, und man lieferte sie dem König vollzählig ab, damit er des Königs Schwiegersohn werde.

Wie kann es Kriege eines hebräischen HERRN geben, wenn für das auserwählte Volk Gottes das Gebot: **Du sollst nicht töten** gilt?

Ist es nicht abstoßend und widerwärtig, einen Gott, der: **Du sollst nicht töten!** geboten hat, im Zusammenhang mit zweihundert, von entkleideten, ermordeten Männern entfernten Vorhäuten zu nennen?

Für David, der daraufhin König der Hebräer wurde, galt ab dem Moment seiner Krönung das **Gesetz wegen des Königs**, welches der Prophet Mose für den König des auserwählten Volk Gottes aufgestellt hatte:

AT 5. Mose 17. 14- 20

Wenn Du in das Land kommst, das der HERR, dein Gott, dir gibt, und es in Besitz genommen hast und darin wohnst und sagst: >>Ich will einen König über mich setzen, wie alle Nationen, die rings um mich her sind!<<, dann sollst du nur den König über dich setzen, den der HERR, dein Gott, erwählen wird. Aus der Mitte deiner Brüder sollst du einen König über dich setzen. Du sollst nicht einen Ausländer über dich setzen, der nicht dein Bruder ist. Nur soll er sich nicht viele Pferde anschaffen, und (er) soll das Volk nicht nach Ägypten zurückführen, um sich noch mehr Pferde anzuschaffen, denn der HERR hat euch gesagt: Ihr sollt nie wieder auf diesem Weg zurückkehren.

Und er soll sich nicht viele Frauen anschaffen, damit sein Herz sich nicht (von Gott) abwendet.

Auch Silber und Gold soll er sich nicht übermäßig anschaffen. Und es soll geschehen, wenn er auf dem Thron seines Königreiches sitzt, dann soll er sich eine Abschrift dieses Gesetzes in ein Buch schreiben, aus (dem Buch, das) den Priestern, den Leviten, vor(liegt). Und sie soll bei ihm sein, und er soll alle Tage seines Lebens darin lesen, damit er den HERRN, seinen Gott fürchten lernt, um alle Worte dieses Gesetzes und diese Ordnungen zu bewahren, sie zu tun, damit sein Herz sich nicht über seine Brüder erhebt und er von dem Gebot weder zur Rechten noch zur Linken abweicht, damit er die Tage in seiner Königsherrschaft verlängert, er und seine Söhne, in der Mitte Israels.

Laut den Texten des Alten Testamentes hatte König David erhebliche Schwierigkeiten, sich an: **Und er soll sich nicht viele Frauen anschaffen, damit sein Herz sich nicht (von Gott) abwendet** des Gesetzes wegen des Königs zu halten. Denn über ihn ist zu lesen:
AT 2. Samuel 2. 2
Da zog David dort hinauf und auch seine beiden Frauen, Ahinoam, die Jesreeliterin, und Abigajil, die Frau Nabals, des Karmeliters.
aus **AT 2. Samuel 5. 13**
Und David nahm noch Nebenfrauen und Frauen aus Jerusalem,
aus **AT 2. Samuel 15. 16**
Und der König ließ zehn Nebenfrauen zurück, das Haus zu hüten.

Ein weiteres, relativ bekanntes Beispiel für seine Unfähigkeit, sich an: **Und er soll sich nicht viele Frauen anschaffen, damit sein Herz sich nicht (von Gott) abwendet.** zu halten, ist folgendes:
AT 2. Samuel 11. 2- 5
Und es geschah zur Abendzeit, daß David von seinem Lager aufstand und sich auf dem Dach des Königshauses erging. Da sah er vom Dach aus eine Frau baden. Die Frau aber war von sehr schönem Aussehen.
Und David sandte hin und erkundigte sich nach der Frau. Und man sagte: Ist das nicht Batseba, die Tochter Eliams, die Frau Urias, des Hetiters?
Da sandte David Boten hin und ließ sie holen. Und sie kam zu ihm, und er lag bei ihr. Sie hatte sich aber (gerade) gereinigt von ihrer Unreinheit. Und sie kehrte in ihr Haus zurück. Und die Frau wurde schwanger. Und sie sandte hin und berichtete es David und sagte: Ich bin schwanger.
AT 2. Samuel 11. 14- 17
Und es geschah am (nächsten) Morgen, da schrieb David einen Brief an Joab und sandte ihn durch Uria. Und er schrieb in dem Brief folgendes: Stellt Uria dahin, wo die Kampffront am härtesten ist, und zieht euch hinter ihm zurück, daß er getroffen wird und stirbt. Und es geschah, als Joab die Stadt (ständig) beobachtete, setzte er Uria an der Stelle ein, von der er erkannt hatte, daß dort kriegstüchtige Männer waren. Als nun die Män-

ner der Stadt auszogen und gegen Joab kämpften, fielen (einige) vom
Volk, von den Knechten Davids; dabei starb auch Uria, der Hetiter.
AT 2. Samuel 11. 26- 27
**Und als Urias Frau hörte, daß Uria, ihr Mann tot war, hielt sie die Toten-
klage um ihren Gatten. Als aber die Trauer(zeit) vorüber war, sandte Da-
vid hin und nahm sie in sein Haus auf. Und sie wurde seine Frau und gebar
ihm einen Sohn. In den Augen des HERRN aber war die Sache böse, die
David getan hatte.**

David wusste natürlich, dass es seine Aufgabe war, dem auserwählten Volk
Gottes ein Gottkönig zu sein und er das **Gesetz wegen des Königs** zu befolgen
hatte. Doch ihm war sein eigener Trieb offenbar wichtiger als der hebräische
Gott und dessen auserwähltes Volk.

Außerdem galten für König David nicht nur das Gesetz wegen des Königs,
sondern wie für jeden anderen Israeliten die 10 Gebote Mose.
Doch König David verletzte in seinem Verhalten gegenüber dem Hetiter Uria
als erstes das Gebot: **Du sollst die Frau Deines Nächsten nicht begehren.**
Danach interessierte ihn auch **Du sollst nicht ehebrechen** und
Du sollst nicht töten nicht mehr.
Jedoch das Opfer Uria unwissentlich sein eigenes Todesurteil in einem ver-
schlossenen Brief überbringen und ihn danach für sich sterben zu lassen, um
freien Zugang zu dessen Ehefrau zu besitzen, steht noch einmal auf einem
anderen Papier geschrieben.
Denn bei genauer Betrachtung dieses Sachverhalts tun sich in Davids Verhal-
ten tiefe Abgründe auf. Und so steht geschrieben:
In den Augen des HERRN aber war die Sache böse, die David getan hatte.

Aus **AT 2. Samuel 12. 15**
**Und der HERR schlug das Kind, das Urias Frau dem David geboren hatte,
und es wurde schwer krank.**
aus **AT 2. Samuel 12. 18**
Und es geschah am siebten Tag, da starb das Kind.
aus **AT 2. Samuel 12. 24**
**Und David tröstete seine Frau Batseba. Und er ging zu ihr ein und lag bei
ihr. Und sie gebar einen Sohn, und er gab ihm den Namen Salomo. Und
der HERR liebte ihn.**

König David störte sich nach seinen offensichtlichen Brüchen gegen die zehn
Gebote und gegen das Gesetz wegen des Königs offenbar keineswegs daran,
in einem Dankpsalm falsches Zeugnis von sich selbst gegenüber dem HERRN
abzulegen und obendrein, den HERRN einfach in seine Lügen einzubauen.
AT 2. Samuel 22 aus **Psalm 18**
Davids Dankpsalm

21 Der HERR handelte an mir nach meiner Gerechtigkeit, nach der Reinheit meiner Hände vergalt er mir.

22 Denn ich habe die Wege des HERRN eingehalten und bin von meinem Gott nicht gottlos abgewichen.

23 Denn alle seine Rechtsbestimmungen waren vor mir, und seine Ordnungen – ich bin nicht davon abgewichen.

24 Auch war ich vollkommen ihm gegenüber und hütete mich vor meiner Schuld.

25 So vergalt der HERR mir nach meiner Gerechtigkeit, nach meiner Reinheit vor seinen Augen.

26 Gegen die Gnädigen verhältst Du Dich gnädig, gegen den vollkommenen Mann vollkommen.

27 Gegen den Reinen zeigst du dich rein, gegen den Verkehrten aber verdreht.

28 Und das demütige Volk rettest Du; aber Deine Augen sind gegen die Hochmütigen, du erniedrigst (sie).

29 Ja, Du bist meine Leuchte, HERR und der HERR erhellt meine Finsternis.

30 Denn mit Dir kann ich auf Raubzug gehen, mit meinem Gott kann ich eine Mauer überspringen.

Wie aber kann es möglich sein, mit dem **HERRN** auf **Raubzug** zu gehen, da doch dieser Aussage dessen Gebot: **Du sollst nicht stehlen** gegenübersteht?

David wusste wohl selbst, dass er nicht der König war, der sich rühmen konnte, das Gesetz Mose wegen des Königs oder die 10 Gebote befolgt zu haben.

So sagte er laut dem Text der Bibel: **Psalm 110. 1**

Spruch des HERRN für meinen Herrn:

Setze dich zu meiner Rechten, bis ich deine Feinde gemacht habe zum Schemel deiner Füße!

AT 1. Könige 2. 1- 4

Davids letzter Wille und Tod

Als nun die Tage Davids herannahten, daß er sterben sollte, befahl er seinem Sohn Salomo und sagte: Ich gehe (nun) den Weg aller Welt. So sei stark und erweise dich als Mann! Bewahre, was der HERR, dein Gott, zu bewahren geboten hat, daß du auf seinen Wegen gehst, indem du seine Ordnungen, seine Gebote und seine Rechtsbestimmungen und seine Zeugnisse bewahrst, wie es im Gesetz des Mose geschrieben ist, damit du Erfolg hast in allem, was du tust, und überall, wohin du dich wendest; damit der HERR sein Wort aufrecht erhält, das er über mich geredet hat, als er sprach: Wenn deine Söhne auf ihren Weg achthaben, so daß sie in Treue vor mir leben mit ihrem ganzen Herzen und mit ihrer ganzen Seele, dann soll es dir nicht an einem Mann fehlen auf dem Thron Israels.

Salomo

Über den Sohn Davids, König Salomo ist zu lesen:

AT 1. Könige 3. 1- 3

Und Salomo wurde Schwiegersohn des Pharao, des Königs von Ägypten, und nahm die Tochter des Pharao und brachte sie in die Stadt Davids, bis er den Bau seines Hauses und des Hauses des HERRN und der Mauer rings um Jerusalem vollendet hatte. Jedoch opferte das Volk auf den Höhen, denn bis zu jenen Tagen war dem Namen des HERRN (noch) kein Haus gebaut worden. Und Salomo liebte den HERRN, so daß er in den Ordnungen seines Vaters David lebte.

AT 1. Könige 3. 5- 14

In Gibeon erschien der HERR dem Salomo in einem Traum bei Nacht. Und Gott sprach: Bitte, was ich dir geben soll! Und Salomo sagte: Du selbst hast ja an deinem Knecht David, meinem Vater, große Gnade erwiesen, weil er vor dir gelebt hat in Treue, in Gerechtigkeit und in Aufrichtigkeit des Herzens gegen dich, und du hast ihm diese große Gnade bewahrt und ihm einen Sohn gegeben, der auf seinem Thron sitzt, wie (es) am heutigen Tag ist. Und nun, HERR, mein Gott, *Du* selbst hast deinen Knecht zum König gemacht anstelle meines Vaters David. Ich aber bin ein kleiner Knabe, ich weiß nicht aus- noch einzugehen. Und dein Knecht ist inmitten deines Volkes, das du erwählt hast, eines großen Volkes, das wegen (seiner) Menge nicht gezählt, noch berechnet werden kann. So gib denn deinem Knecht ein hörendes Herz, dein Volk zu richten, zu unterscheiden zwischen Gut und Böse. Denn wer vermag dieses dein gewaltiges Volk zu richten? Und das Wort war gut in den Augen des HERRN, daß Salomo um diese Sache gebeten hatte. Und Gott sprach zu ihm: Weil du um diese Sache gebeten hast und hast dir nicht viele Tage erbeten und hast dir nicht Reichtum erbeten und hast nicht um das Leben deiner Feinde gebeten, sondern hast dir Verständnis erbeten, um auf das Recht zu hören, siehe, so tue ich nach deinen Worten. Siehe, ich gebe dir ein weises und verständiges Herz, so daß es vor dir keinen wie dich gegeben hat und nach dir keiner wie du aufstehen wird. Und auch das, was du nicht erbeten hast, gebe ich dir, sowohl Reichtum als auch Ehre, so daß es unter den Königen keinen wie dich geben wird alle deine Tage. Und wenn du auf meinen Wegen gehst, indem du meine Ordnungen und meine Gebote bewahrst, so, wie dein Vater David (auf ihnen) gegangen ist, dann werde ich (auch) deine Tage verlängern.

Schon Salomos Vater David hatte die Gebote und Ordnungen des HERRN mehrfach gebrochen, auch wenn der Text des Alten Testamentes dessen Fehltritte, sowie die Worte aus **AT 2. Samuel 11. 27:**

In den Augen des HERRN aber war die Sache böse, die David getan hatte

nun zu ignorieren scheint.

So saß jetzt Salomo, der als zweites Kind aus Davids großem Bruch gegen die
Gebote und Ordnungen des HERRN hervorgegangen war, auf dem Thron Israels und hatte nun die Möglichkeit, alles besser als sein Vater David zu machen.

Über Salomos Tempelbau ist zu lesen:
AT 1. Könige 5. 17- 19
**Du weißt ja selbst, daß mein Vater David dem Namen des HERRN, sei-
nes Gottes, kein Haus bauen konnte wegen des Krieges, mit dem seine
Feinde ihn umringten, bis der HERR sie unter die Sohlen seiner Füße legte. Nun aber hat der HERR, mein Gott, mir Ruhe verschafft ringsum; kein
Widersacher ist (mehr) da und kein schlimmes Geschick. Siehe, so gedenk-
ke ich, dem Namen des HERRN, meines Gottes, ein Haus zu bauen, so wie
der HERR zu meinem Vater David geredet hat, als er sprach: Dein Sohn,
den ich an deiner Stelle auf deinen Thron setzen werde, er soll meinem Namen das Haus bauen.**
AT 1. Könige 6. 11- 13
**Und das Wort des HERRN geschah zu Salomo, indem er sprach: (Was)
dieses Haus (betrifft), das du baust, so sollst du wissen: Wenn du in meinen Ordnungen lebst und meine Rechtsbestimmungen tust und alle meine
Gebote bewahrst, daß du in ihnen lebst, dann werde ich dir mein Wort
aufrecht erhalten, das ich zu deinem Vater David geredet habe. Und ich
werde mitten unter den Söhnen Israel wohnen und werde mein Volk Israel
nicht verlassen.**
AT 1. Könige 8. 20- 21
**Und der HERR hat sein Wort aufrechterhalten, das er geredet hat. So bin
ich denn an die Stelle meines Vaters David getreten und habe mich auf den
Thron Israels gesetzt, so wie der HERR zugesagt hat, und habe dem Namen des HERRN, des Gottes Israels, das Haus gebaut; und ich habe dort
einen Platz für die Lade hergerichtet, in der der Bund des HERRN ist, den
er mit unseren Vätern geschlossen hat, als er sie aus dem Land Ägypten
herausführte.**
AT 1. Könige 9. 1- 9
**Und es geschah, als Salomo den Bau des Hauses des HERRN und des Hau-
ses des Königs vollendet hatte, dazu alles, was Salomo gefiel, (alles), was
er auszuführen wünschte, da erschien der HERR dem Salomo zum zweiten Mal, wie er ihm in Gibeon erschienen war. Und der Herr sprach zu
ihm: Ich habe dein Gebet und dein Flehen gehört, das du vor mir gefleht
hast. Ich habe dieses Haus, das du gebaut hast, geheiligt, um meinen Namen dort niederzulegen für ewig; und meine Augen und mein Herz sollen
allezeit dort (gegenwärtig) sein. Und du, wenn du vor mir lebst, ebenso wie
dein Vater David gelebt hat in Lauterkeit des Herzens und in Aufrichtigkeit, indem du nach allem handelst, was ich dir geboten habe, und (wenn)
du meine Ordnungen und meine Rechtsbestimmungen einhältst, dann**

werde ich den Thron deines Königtums über Israel festigen für ewig, so wie ich über deinen Vater David geredet habe, als ich sprach: Es soll dir nicht an einem Mann auf dem Thron Israels fehlen. Wenn ihr euch aber von mir abwendet, ihr und eure Kinder, und meine Gebote (und) meine Ordnungen, die ich euch vorgelegt habe, nicht einhaltet, sondern hingeht und anderen Göttern dient und euch vor ihnen niederwerft, dann werde ich Israel ausrotten aus dem Land, das ich ihnen gegeben habe, und das Haus, das ich meinem Namen geheiligt habe, werde ich von meinem Angesicht wegstoßen. So wird Israel zum Sprichwort und zur Spottrede unter allen Völkern werden. Und dieses Haus wird eine Trümmerstätte werden, jeder, der an ihm vorübergeht, wird sich entsetzen und pfeifen. Und man wird sagen: Warum hat der HERR an diesem Land und an diesem Haus so gehandelt? Dann wird man sagen: Weil sie den HERRN, ihren Gott, der ihre Väter aus dem Land Ägypten herausgeführt hat, verlassen und sich an andere Götter gehalten haben und sich vor ihnen niedergeworfen und ihnen gedient haben, darum hat der HERR all dieses Unheil über sie gebracht.

Salomo wusste also, was auf dem Spiel stand und an was er sich zu halten hatte, wollte er entweder den Thron seines Königtums über Israel festigen für ewig oder Israel zum Sprichwort und zur Spottrede unter allen Völkern machen. So galt für Salomo nach seinem Tempelbau für den HERRN des Volkes Israel das **AT 5. Mose 17. 14- 20**
Gesetz wegen des Königs
**Wenn Du in das Land kommst, das der HERR, dein Gott, dir gibt, und es in Besitz genommen hast und darin wohnst und sagst: >>Ich will einen König über mich setzen, wie alle Nationen, die rings um mich her sind!<<, dann sollst du nur den König über dich setzen, den der HERR, dein Gott, erwählen wird. Aus der Mitte deiner Brüder sollst du einen König über dich setzen. Du sollst nicht einen Ausländer über dich setzen, der nicht dein Bruder ist. Nur soll er sich nicht viele Pferde anschaffen, und (er) soll das Volk nicht nach Ägypten zurückführen, um sich noch mehr Pferde anzuschaffen, denn der HERR hat euch gesagt: Ihr sollt nie wieder auf diesem Weg zurückkehren.
Und er soll sich nicht viele Frauen anschaffen, damit sein Herz sich nicht (von Gott) abwendet.
Auch Silber und Gold soll er sich nicht übermäßig anschaffen. Und es soll geschehen, wenn er auf dem Thron seines Königreiches sitzt, dann soll er sich eine Abschrift dieses Gesetzes in ein Buch schreiben, aus (dem Buch, das) den Priestern, den Leviten, vor(liegt). Und sie soll bei ihm sein, und er soll alle Tage seines Lebens darin lesen, damit er den HERRN, seinen Gott fürchten lernt, um alle Worte dieses Gesetzes und diese Ordnungen zu bewahren, sie zu tun, damit sein Herz sich nicht über seine Brüder erhebt und er von dem Gebot weder zur Rechten noch zur Linken abweicht,**

damit er die Tage in seiner Königsherrschaft verlängert, er und seine Söhne, in der Mitte Israels.

Doch was tat König Salomo?
AT 1. Könige 10. 26
Und Salomo brachte Streitwagen und Pferde zusammen,
und er hatte 1400 Streitwagen und 12000 Pferde;
und er legte sie in die Wagenstätte und zu dem König nach Jerusalem.
Warum hatte sich König Salomo nicht einfach weniger Pferde angeschafft, um dem Gesetz wegen des Königs des Volke Israel treu zu bleiben?

Auch ist über ihn zu lesen:
AT 1. Könige 11. 1- 11
Salomos Vielweiberei und Götzendienst
Der König Salomo aber liebte viele ausländische Frauen, und zwar neben der Tochter des Pharao moabitische, ammonitische, edomitische, sidonische, hetitische, von den Nationen, von denen der HERR zu den Söhnen Israel gesagt hatte: Ihr sollt nicht zu ihnen eingehen, und *sie* sollen nicht zu euch eingehen; fürwahr, sie würden euer Herz ihren Göttern zuneigen. An diesen hing Salomo mit Liebe.
Und er hatte siebenhundert vornehme Frauen und dreihundert Nebenfrauen und seine Frauen neigten sein Herz. Und es geschah zur Zeit, als Salomo alt geworden war, da neigten seine Frauen sein Herz anderen Göttern zu. So war sein Herz nicht ungeteilt mit dem HERRN, seinem Gott, wie das Herz seines Vaters David. Und Salomo folgte der Astarte nach, der Göttin der Sidonier, und dem Milkom, dem Scheusal der Ammoniter. Und Salomo tat, was böse war in den Augen des HERRN, und er folgte dem HERRN nicht so treu nach wie sein Vater David. Damals baute Salomo eine Höhe für Kemosch, das Scheusal der Moabiter, auf dem Berg, der Jerusalem gegenüber(liegt), und für Moloch, das Scheusal der Söhne Ammon. Ebenso machte er (es) für all seine ausländischen Frauen, die ihren Göttern Rauchopfer und Schlachtopfer darbrachten.
Da wurde der HERR zornig über Salomo, weil er sein Herz von dem HERRN, dem Gott Israels abgewandt hatte, der ihm zweimal erschienen war und ihm in dieser Sache geboten hatte, nicht anderen Göttern nachzufolgen. Aber er hatte nicht beachtet, was der HERR (ihm) geboten hatte. Da sprach der HERR zu Salomo: Weil dir dies bewußt war und du meinen Bund nicht beachtet hast und meine Ordnungen, die ich dir geboten habe, werde ich das Königreich ganz bestimmt von dir wegreißen und es einem Knecht von dir geben.

Es scheint fast so, als hätte sich König Salomo ganz besonders angestrengt, das Gesetz wegen des Königs fortwährend zu brechen, um Israel zur Spottrede unter allen Völkern zu machen.

Für Salomo galt aber nicht nur das Gesetz wegen des Königs, sondern wie für jeden anderen Hebräer des Volke Gottes, die 10 Gebote zu befolgen.

Doch über König Salomo ist zu lesen:

AT 1. Könige 2. 24- 25

Und nun – so wahr der HERR lebt, der mich bestätigt hat und mich auf den Thron meines Vaters gesetzt und der mir ein Haus gemacht hat, wie er geredet hat – fürwahr, heute (noch) soll Adonija getötet werden! Und der König Salomo sandte hin zu Benaja, dem Sohn Jojadas, der stieß ihn nieder. So starb er.

Salomo erteilte damit kurz nach seinem Amtsantritt den ersten Auftragsmord an seinem Bruder und nicht lange danach laut **AT 1. Könige 2. 44- 46** den nächsten:

Und der König sagte zu Schimi: Du selbst kennst all das Böse, dessen (auch) dein Herz sich bewußt ist, das du meinem Vater David angetan hast. So wird der HERR deine Bosheit auf deinen Kopf zurückkommen lassen. Aber der König Salomo wird gesegnet sein, und der Thron Davids bis in Ewigkeit fest gegründet sein vor dem HERRN.

Und der König gab Benaja, dem Sohn Jojadas, Befehl; der ging hinaus und stieß ihn nieder; so starb er.

Salomo interessierte sich offenbar weder für das Gebot:

Du sollst nicht töten noch für: **Du sollst nicht ehebrechen.**

Du sollst keine anderen Götter haben neben mir.

Du sollst Dir kein Götterbild machen, auch keinerlei Abbild dessen, was oben im Himmel oder was unten auf der Erde oder was in den Wassern unter der Erde ist. Du sollst Dich vor ihnen nicht niederwerfen und ihnen nicht dienen. Denn ich, der HERR, dein Gott, bin ein eifersüchtiger Gott, der die Schuld der Väter heimsucht an den Kindern, an der dritten und vierten (Generation) von denen, die mich hassen, der aber Gnade erweist an Tausenden (von Generationen) von denen, die mich lieben und meine Gebote halten.

Da der Tempel des Salomo schon sehr lange nicht mehr existiert, hatte der HERR des Alten Testamentes sein Wort offenbar wahr gemacht, welches er Salomo prophezeite:

Aus **AT 1. Könige 9. 5- 9**

Es soll dir nicht an einem Mann auf dem Thron Israels fehlen.

Wenn ihr euch aber von mir abwendet, ihr und eure Kinder, und meine Gebote (und) meine Ordnungen, die ich euch vorgelegt habe, nicht einhaltet, sondern hingeht und anderen Göttern dient und euch vor ihnen niederwerft, dann werde ich Israel ausrotten aus dem Land, das ich ihnen gegeben habe, und das Haus, das ich meinem Namen geheiligt habe, werde ich von meinem Angesicht wegstoßen. So wird Israel zum Sprichwort und zur Spottrede unter allen Völkern werden.

Und dieses Haus wird eine Trümmerstätte werden, jeder, der an ihm

vorübergeht, wird sich entsetzen und pfeifen. Und man wird sagen:
Warum hat der HERR an diesem Land und an diesem Haus so gehandelt?
Dann wird man sagen: Weil sie den HERRN, ihren Gott, der ihre Väter
aus dem Land Ägypten herausgeführt hat, verlassen und sich an andere
Götter gehalten haben und sich vor ihnen niedergeworfen und ihnen ge-
dient haben, darum hat der HERR all dieses Unheil über sie gebracht.

Es stellt sich die Frage, warum viele Juden davon zu träumen scheinen, den
Tempel des Salomo wieder aufzubauen.
Aus welchen Gründen sehnen Zionisten, „moderne Kreuzritter" und viele Ju-
den den Tempel des Salomo, den schon ihr eigener HERR laut den Texten des
Alten Testamentes nicht (mehr) haben wollte, heutzutage neu herbei?
Wie konnte bei diesen Geschichten aus dem Alten Testament das Gerücht auf-
kommen, König Salomo wäre weise gewesen?
Hatte er nicht aus Eigendünkel, Eitelkeit und grenzenlosem Hochmut gegenü-
ber dem HERRN des Alten Testamentes und seinem Volk das Königreich Israel
in den Sand gesetzt?
AT 1. Könige 11. 11
**Da sprach der HERR zu Salomo: Weil dir dies bewußt war und du meinen
Bund nicht beachtet hast und meine Ordnungen, die ich dir geboten habe,
werde ich das Königreich ganz bestimmt von dir wegreißen und es einem
Knecht von dir geben.**

Im Volksmund wird das Ende der Bibel, die Offenbarung auch als Apokalyp-
se bezeichnet, welche die Zukunft der Menschheit in seltsamen Bildern und
Metaphern beschreibt.
Selbst eine - scheinbar mathematische - Gleichung hat die Offenbarung der
Nachwelt hinterlassen:
Offenbarung 13.18
**Hier ist die Weisheit. Wer Verständnis hat, berechne die Zahl des Tieres!
Denn es ist eines Menschen Zahl; und seine Zahl ist 666.**

Im **AT 1. Könige 10. 14** heißt es:
**Und das Gewicht des Goldes, das bei Salomo in *einem* einzigen Jahr ein-
ging, betrug 666 Talente Gold.**

Christus besiegt das Tier und sein Heer
Offenbarung 21. 5- 6
Und der, welcher auf dem Thron saß, sprach: Siehe, ich mache alles neu.
Und er spricht: Schreibe! Denn diese Worte sind gewiß und wahrhaftig.
Und er sprach zu mir: Es ist geschehen.
Ich bin das Alpha und das Omega, der Anfang und das Ende.
Ich will dem Dürstenden aus der Quelle des Wassers des Lebens geben
umsonst.

Jesus

NT Joh. 4. 34
**Jesus spricht zu ihnen: Meine Speise ist, daß ich den Willen dessen tue,
der mich gesandt hat, und sein Werk vollbringe.**

Da die Juden sich selbst als auserwähltes Volk Gottes bezeichnen und es zu
Lebzeiten Jesu bereits weit über 1000 Jahre lang kein einziger jüdischer König
geschafft hatte, sich an das "Gesetz wegen des Königs" und an die 10 Gebote
Mose oder an das Gesetz der Untadeligkeit des HERRN des Abram/ Abraham
zu halten, war Jesus gekommen, der laut dem Text des Neuen Testamentes zu
den Juden sagte:
NT Joh. 5. 45- 47
**Meint nicht, daß ich euch bei dem Vater verklagen werde; da ist (einer),
der euch verklagt, Mose, auf den *ihr* eure Hoffnung gesetzt habt.**
**Denn wenn ihr Mose glaubtet, so würdet ihr mir glauben, denn er hat von
mir geschrieben. Wenn ihr aber seinen Schriften nicht glaubt, wie werdet
ihr meinen Worten glauben?**
Und Mose hatte circa 1250 Jahre zuvor von Jesus geschrieben, da er laut Aus-
sage der Texte des Neuen Testamentes der Jude war, der sich an das Gesetz
Mose wegen des Königs hielt.
AT 5. Mose 17. 14- 20
Gesetz wegen des Königs
**Wenn Du in das Land kommst, das der HERR, dein Gott, dir gibt, und es
in Besitz genommen hast und darin wohnst und sagst: >>Ich will einen
König über mich setzen, wie alle Nationen, die rings um mich her sind!<<,
dann sollst du nur den König über dich setzen, den der HERR, dein Gott,
erwählen wird. Aus der Mitte deiner Brüder sollst du einen König über
dich setzen. Du sollst nicht einen Ausländer über dich setzen, der nicht
dein Bruder ist. Nur soll er sich nicht viele Pferde anschaffen, und (er) soll
das Volk nicht nach Ägypten zurückführen, um sich noch mehr Pferde anzuschaffen, denn der HERR hat euch gesagt: Ihr sollt nie wieder auf die-**

sem Weg zurückkehren.

Und er soll sich nicht viele Frauen anschaffen, damit sein Herz sich nicht (von Gott) abwendet. Auch Silber und Gold soll er sich nicht übermäßig anschaffen. Und es soll geschehen, wenn er auf dem Thron seines Königreiches sitzt, dann soll er sich eine Abschrift dieses Gesetzes in ein Buch schreiben, aus (dem Buch, das) den Priestern, den Leviten, vor(liegt). Und sie soll bei ihm sein, und er soll alle Tage seines Lebens darin lesen, damit er den HERRN, seinen Gott fürchten lernt, um alle Worte dieses Gesetzes und diese Ordnungen zu bewahren, sie zu tun, damit sein Herz sich nicht über seine Brüder erhebt und er von dem Gebot weder zur Rechten noch zur Linken abweicht, damit er die Tage in seiner Königsherrschaft verlängert, er und seine Söhne, in der Mitte Israels.

Jesus soll laut den Texten des Neuen Testamentes weder Gold, noch zahlreiche Frauen oder Pferde besessen haben, sondern auf einem Esel nach Jerusalem geritten sein.

Auch hatte sich sein Herz nicht über seine Brüder erhoben, sondern er soll, mit Wunderkräften ausgestattet, seine Mitmenschen geheilt haben.

Auch Diejenigen, die den Aussagen des Neuen Testamentes über Jesus Wunderkräfte keinen Glauben schenken, müssen zugeben, dass Jesus als König der Juden im Gegensatz zu seinen Vorgängern auf dem Thron Israels weder selbst gemordet, noch zum Töten, sondern zur Nächstenliebe aufgerufen hat.

Den israelitischen König kann man an seiner Gesetzestreue messen.

Jesus kam, um dem angeblichen Volk Gottes das zu geben, dessen es so dringend bedurfte: Einen König, der deshalb zu deren König wurde, weil er in der Lage war, sich an das Gesetz Mose wegen des Königs und an die 10 Gebote Mose zu halten, soweit sie mit dem Gesetz der Untadeligkeit vor dem HERRN des Abram/Abraham übereinstimmen,

während der Prophet Mose hingegen die zehn Gebote zwar ins Leben gerufen, selbst aber gar nicht beachtet hatte.

So steht im Neuen Testament geschrieben:

NT Johannes 1. 17

Denn das Gesetz wurde durch Mose gegeben; die Gnade und die Wahrheit ist durch Jesus Christus geworden.

NT Joh. 10. 8- 9

Alle, die vor mir gekommen sind, sind Diebe und Räuber; aber die Schafe hörten nicht auf sie. Ich bin die Tür; wenn jemand durch mich hineingeht, so wird er errettet werden und wird ein- und ausgehen und Weide finden.

NT Joh. 8. 12
Das Licht der Welt
**Jesus redete nun wieder zu ihnen und sprach: Ich bin das Licht der Welt;
wer mir nachfolgt, wird nicht in der Finsternis wandeln, sondern wird das
Licht des Lebens haben.**

Da sich das „auserwählte Volk Gottes" des Alten Testamentes nur mit einem
untadeligen König selbst zu einem Volk Gottes entwickeln kann, hatte erst
Jesus, der sich
1. an das Gesetz der Untadeligkeit des HERRN des Abram/Abraham
2. an die 10 Gebote, soweit sie mit dem Gesetz der Untadeligkeit vor dem
   Angesicht des HERRN vereinbar sind und
3. an das Gesetz wegen des Königs gehalten hat,
die Juden zum auserwählten Volk des HERRN gemacht.

Und so gab Jesus den Juden die Gebote, die ein Volk Gottes erschaffen können:
NT Math. 7. 12
**Alles nun, was ihr wollt, daß euch die Menschen tun sollen, das tut ihr
ihnen auch! Denn darin besteht das Gesetz und die Propheten.**
NT Math. 22. 36
Lehrer, welches ist das größte Gebot im Gesetz?
**Er aber sprach zu ihm: > Du sollst den Herrn, Deinen Gott, lieben mit Dei-
nem ganzen Herzen und mit Deiner ganzen Seele und mit Deinem ganzen
Verstand. Dies ist das größte und erste Gebot.**
**Das zweite aber ist ihm gleich: Du sollst deinen Nächsten lieben wie Dich
selbst.<**
An diesen zwei Geboten hängt das ganze Gesetz und die Propheten.

Da Jesus der erste Jude war, der sich an das Gesetz der Untadeligkeit vor dem
Angesicht des HERRN gehalten hatte, um einen Bund zwischen den Juden und
dem HERRN zu erwirken, hatten die Hebräer mit Jesus fast zwei Jahrtausende
nach Abram/Abraham zum ersten Mal einen Bund mit dem HERRN des Alten
Testamentes gesetzt. Deshalb heißt es im Neuen Testament:
NT Lukas 1. 32- 33
**Dieser wird groß sein und Sohn des Höchsten genannt werden; und der
Herr, Gott, wird ihm den Thron seines Vaters David geben;
und er wird über das Haus Jakobs herrschen in Ewigkeit, und seines Kö-
nigtums wird kein Ende sein.**

So stellte sich Jesus als König schützend vor die Hebräer, sodass sie vor dem
Angesicht des HERRN nicht mehr nur mangelhafte Anwärter auf den Titel
„Volk Gottes" waren und nahm auch das Schicksal in Kauf, welches ihm die
Juden dafür zumuteten.

Doch Jesus wusste, dass Jene als angeblich „auserwähltes Volk Gottes" ohne ihn und seine Untadeligkeit keinen echten Bund mit dem HERRN der Texte des Alten Testamentes besitzen würden und prophezeite dem jüdischen Tempel nach seinem erneuten Wiederaufbau:

NT Markus 13. 1- 2

Und als er aus dem Tempel heraustrat, sagt einer seiner Jünger zu ihm: Lehrer, sieh, was für Steine und was für Gebäude!

Und Jesus sprach zu ihm: Siehst Du diese großen Gebäude? Hier wird nicht ein Stein auf dem anderen gelassen werden, der nicht abgebrochen werden wird.

Da es laut den Texten des Alten Testamentes ohne die Gnade des untadeligen Philisterkönigs Abimelech aus Gerar weder das Alte Testament selbst, noch ein Volk oder eine Religion der Juden gegeben hätte, sagte Jesus:

NT Math. 5. 38- 48

Ihr habt gehört, daß gesagt ist: Auge um Auge und Zahn um Zahn.

Ich aber sage euch: Widersteht nicht dem Bösen, sondern wenn jemand dich auf deine rechte Backe schlagen wird, dem biete auch die andere dar; und dem, der mit dir vor Gericht gehen und dein Untergewand nehmen will, dem laß auch den Mantel! Und wenn jemand dich zwingen wird, eine Meile zu gehen, mit dem geh zwei! Gib dem, der dich bittet und weise den nicht ab, der von dir borgen will! Ihr habt gehört, daß gesagt ist: Du sollst deinen Nächsten lieben und deinen Feind hassen.

Ich aber sage Euch: Liebt Eure Feinde, und betet für die, die Euch verfolgen, damit ihr Söhne eures Vaters seid, der in den Himmeln ist!

Denn er läßt seine Sonne aufgehen über Böse und Gute und läßt regnen über Gerechte und Ungerechte.

Denn wenn ihr liebt, die euch lieben, welchen Lohn habt ihr? Tun nicht auch die Zöllner dasselbe? Und wenn ihr allein eure Brüder grüßt, was tut ihr Besonderes? Tun nicht auch die von den Nationen dasselbe?

Ihr nun sollt vollkommen sein, wie euer himmlischer Vater vollkommen ist.

Hätte König Abimelech, der von Abraham belogen und betrogen, sowie von dessen Sohn Isaak belogen wurde, an "Zahn um Zahn" geglaubt, hätte er die beiden Lügner entweder in den Kerker geworfen oder ganz einfach einen Kopf kürzer gemacht und das Alte Testament hätte es laut den Texten der Bibel nicht gegeben.

Da die Juden ohne die Untadeligkeit des Jesus keinen Bund mit dem HERRN über das Land Palästina geschlossen haben und Abimelech seine Gnade auch über die Nachfahren Abram/Abrahams und der ägyptischen Magd Hagar walten ließ, sagte Jesus vor 2000 Jahren:

NT Math. 5. 5

Glückselig die Sanftmütigen, denn sie werden das Land erben.

NT Math. 10. 32

Jeder nun, der sich vor den Menschen zu mir bekennen wird, zu dem werde auch ich mich bekennen vor meinem Vater, der in den Himmeln ist. Wer aber mich vor den Menschen verleugnen wird, den werde auch ich verleugnen vor meinem Vater, der in den Himmeln ist.

Mohammed

Zu Lebzeiten Jesu war die Prophezeiung des Textes des Alten Testamentes über die ägyptische Magd Hagar und Abram/Abrahams erstgeborenen Sohn Ismael noch nicht erfüllt.

Und so soll sich jetzt der Felsendom des Islam des Propheten Mohammed, der sich auf Abraham, die ägyptische Magd Hagar und Abram/Abrahams erstgeborenen Sohn Ismael beruft, offenbar genau an der Stelle befinden, an dem einst der jüdische Tempel stand.

Die Felsenkuppel in Jerusalem ist der älteste monumentale Sakralbau des Islam und eines der islamischen Hauptheiligtümer.

Nach islamischer Tradition soll Mohammed von diesem Felsen aus seine Himmelfahrt und Begegnung mit den Propheten des Judentums angetreten haben und bekannte sich nach dieser zu Jesus.

Der Felsendom

Die Gründungsinschrift
Innenfassade: Süd – Südost – Ost – Nordost – Nord – Nordwest – West – Südwest:
Koran
(Sure 64, 1 und 57, 2)
Im Namen des barmherzigen und gnädigen Gottes. Es gibt keinen Gott außer Gott allein. Er hat keinen Teilhaber (an der Herrschaft). Er hat die Herrschaft (über die ganze Welt). Ihm sei Lob! Er macht lebendig und lässt sterben und hat zu allem die Macht.
Muḥammad ist der Diener Gottes und sein Gesandter.
(Sure 33, 56)
Gott und seine Engel sprechen den Segen über den Propheten.
Ihr Gläubigen! Sprecht (auch ihr) den Segen über ihn und grüßt (ihn), wie es sich gehört! Möge Gott über ihn den Segen sprechen. Heil sei über ihm und die Barmherzigkeit Gottes.
(Sure 4, 171)
Ihr Leute der Schrift! Treibt es in eurer Religion nicht zu weit und sagt gegen Gott nichts aus, als die Wahrheit!

(Sure 4, 171– 172)

Christus Jesus, der Sohn der Maria, ist nur der Gesandte Gottes und sein Wort, das er der Maria entboten hat, und Geist von ihm. Darum glaubt an Gott und seine Gesandten und sagt nicht (von Gott, dass er in einem) drei (sei)! Hört auf (so etwas zu sagen)! Das ist besser für euch. Gott ist nur ein einziger Gott. Gepriesen sei er! (Er ist darüber erhaben) ein Kind zu haben. Ihm gehört (vielmehr alles), was im Himmel und auf der Erde ist. Und Gott genügt als Sachwalter. Christus wird es nicht verschmähen, ein (bloßer) Diener Gottes zu sein, auch nicht die (Gott) nahestehenden Engel. Und wenn einer es verschmäht, Gott zu dienen und (zu) hochmütig (dazu) ist (hat das nichts zu bedeuten). Er wird sie (d.h. die Menschen) (dereinst) alle zu sich versammeln.

(Sure 19, 15)

Herr, sprich den Segen über Deinen Gesandten und Diener Jesus dem Sohn der Maria. Heil sei über ihm am Tag, da er geboren wurde, am Tag, da er stirbt, und am Tag, da er (wieder) zum Leben auferweckt wird!

(Sure 19, 34)

Dies ist Jesus, der Sohn der Maria – um die Wahrheit zu sagen, über die sie (d.h. die Ungläubigen (unter den Christen?)) (immer noch) im Zweifel sind. Es steht Gott nicht an, sich irgendein Kind zuzulegen. Gepriesen sei er! Wenn er eine Sache beschlossen hat, sagt er zu ihr nur: sei, dann ist sie. Gott ist mein und euer Herr. Dienet ihm! Das ist ein gerader Weg.

(Sure 3, 18)

Gott bezeugt, dass es keinen Gott gibt außer ihn.
Desgleichen die Engel und diejenigen, die das (Offenbarungs-)wissen besitzen. Er sorgt für Gerechtigkeit.

(Sure 3, 6)

Es gibt keinen Gott außer ihm. Er ist der Mächtige und Weise.

(Sure 3, 19)

Als (einzig wahre) Religion gilt bei Gott der Islam.
Und diejenigen, die die Schrift erhalten haben, wurden – in gegenseitiger Auflehnung – erst uneins, nachdem das Wissen zu ihnen gekommen war. Wenn aber einer nicht an die Zeichen Gottes glaubt, ist Gott schnell im Abrechnen.

Internet (aus Felsendom- Wikipedia, zuletzt geändert am 12.08.2018)

Wenn auf dem Felsendom des Islam das Zeugnis für Jesus Christus, sowie seine Auferstehung und sogar Wiederkehr verewigt sind, stellt sich die Frage, was „angeblich christliche Zionisten" oder Kreuz- und Tempelritter in Jerusalem „religiös", noch dazu mit Gewalt jemals oder auch heutzutage mit der Idee eines Wiederaufbaus des jüdischen Tempels zu erreichen suchen.

Denn im Gegensatz zu den Pharisäern des letzten jüdischen Tempels bekennen sich Mohammed und der Islam zu Jesus, sodass sich auch Jesus zu Mohammed und der Felsenkuppel - in der sein Leben, sein Tod und seine Auferweckung schriftlich festgehalten sind - bekennen kann.

Da es auf der Erde schon Katastrophen genug gegeben hat und die Kriege zwischen den Nationen immer grausamer geworden sind, kann es nicht darum gehen, der Offenbarung am Ende der Bibel etwas hinzuzufügen oder wegzunehmen, sondern nur darum, ihren Sinn zu erkennen, damit die Menschen dieser Welt endlich friedlich zusammenleben können.

Offenbarung 22.16- 17
Ich, Jesus, habe meinen Engel gesandt, euch diese Dinge für die Gemeinden zu bezeugen.
Ich bin die Wurzel und das Geschlecht Davids, der glänzende Morgenstern. Und der Geist und die Braut sagen: Komm!
Und wer es hört, spreche: Komm! Und wen dürstet, der komme!
Wer da will, nehme das Wasser des Lebens umsonst!

Offenbarung 22.21
Die Gnade des Herrn Jesus sei mit allen!

Quellenverzeichnis:

(1)https://katholisches.info/2014/05/26/pius-x-und-theodor-herzl
26. Mai 2014 - Text: Giuseppe Nardi

Elberfelder Bibel
Aus dem Grundtext übersetzt
revidierte Fassung erschienen im R. Brockhaus Verlag Wuppertal
9. Auflage 1997

Das Neue Testament
Revidierte Elberfelber Übersetzung
2. Taschenbuch- Sonderausgabe 1996